Andreas Förschler

Ein Rundgang durch das alte STUTTGART

Wartberg Verlag

Fotonachweis:
Sämtliche Fotos Landesbildstelle Württemberg, Stuttgart

1. Auflage 1999
Alle Rechte vorbehalten, auch die des auszugsweisen Nachdrucks
und der fotomechanischen Wiedergabe.
Satz & Layout: Kempken DTP-Service, Marburg
Druck: Grindeldruck, Hamburg
Buchbinderische Verarbeitung: Büge, Celle
© Wartberg Verlag GmbH
34281 Gudensberg-Gleichen, Im Wiesental 1, Tel. 05603/93050
ISBN 3-86134-554-4

Vorwort

„Die Kenntnis des unwiederbringlich Ausgelöschten kann vielleicht mit dazu beitragen, mit dem Vorhandenen behutsamer umzugehen!"

Harald Schukraft

Mit diesem Buch möchte ich Sie zu einem Rundgang durch Stuttgart einladen. Für die Älteren, die das „alte" Stuttgart kannten, mag dies den Anlass geben sich zu erinnern. Für die Jüngeren, die wie ich dieses Gesicht der Stadt nicht kennenlernen konnten, bieten die Aufnahmen die Gelegenheit, die Vergangenheit Stuttgarts zu entdecken. Die Reste der gewachsenen Stadt werden so in ihren historischen Zusammenhang eingebettet. Daher stehen Gebäude und Plätze im Vordergrund des Bandes, die es heute in dieser Form nicht mehr gibt. Sie wurden durch Brände oder Neubauten und Sanierungsmaßnahmen, durch die Luftangriffe im Zweiten Weltkrieg auf Stuttgart oder aber auch erst danach durch den Wiederaufbau zerstört.

Fast die gesamte Entwicklungsgeschichte der Stadt war bis 1944 an Gebäuden abzulesen. Stuttgart entstand der Überlieferung nach aus einem Gestüt am Nesenbach vor über 1000 Jahren. In der ersten Hälfte des 13. Jahrhunderts wurde die Stadt Stuttgart von den Markgrafen von Baden gegründet. Diese kam dann durch eine Heirat an die Grafen von Württemberg. Seit dem 14. Jahrhundert wurde die Stadt politischer Mittelpunkt Württembergs. Ab 1482 war die Stadt offizielle Hauptstadt der Grafschaft. Diesen Titel musste sie später an Ludwigsburg abgeben, bis sie unter Herzog Carl Eugen, zum Preis eines neuen Schlosses, wieder Ende des 18. Jahrhunderts zur Residenz- und Hauptstadt wurde. Der eigentliche Ausbau Stuttgarts begann im 19. Jahrhundert, als Stuttgart Zentrum des neu geschaffenen Königreichs Württemberg wurde. Zusammen mit der Industrialisierung führte dies zu einem sprunghaften Anstieg der Bevölkerung in der Stadt. Sie wuchs über die alten Mauern und Grenzen hinaus, bis man den gestiegenen Platzbedarf zu Anfang des 20. Jahrhunderts nur noch durch Eingemeindungen decken konnte. Die Stadt war ab 1918 nicht mehr Königsresidenz, sondern Hauptstadt des Volksstaates Württemberg. Der Großteil der Fotos stammt aus der Zeit der Weimarer Republik und dem Dritten Reich. Die Zeit war geprägt von einer ausgeprägten Varieté- und Theaterkultur, Künstlern wie Adolf Hoelzel und Bernhard Pankok, Neubauten wie dem Kaufhausbau „Schocken" von Erich Mendelsohn oder der Bauausstellung „Weißenhof". Die Wasser-, Gas- und Stromversorgung wurden in dieser Zeit ausgebaut. Auch die schlechte Wohnsituation der ärmeren Bevölkerungsteile wurde durch Neubausiedlungen und Sanierungsmaßnahmen langsam verbessert. 1933 ist Stuttgart wie ganz Deutschland durch die Nazis gleichgeschaltet worden. Es folgten Verhaftungen, Folter, Mord, Zwangssterilisation, Deportation und Zwangsarbeit in der Stadt. In den Luftangriffen des Jahres 1944 ist das „alte" Stuttgart durch Bomben und Feuerstürme untergegangen. Die gewachsene Stadt verlor in weiten Teilen ihr historisches Antlitz. Vieles, was wieder aufgebaut wurde, ist nur noch eine Hülle, die Innenräume sind für immer verloren. Der „Wiederaufbau" erfolgte unter dem Vorzeichen einer modernen mobilen Massengesellschaft. Der zeitgemäßen Stadtplanung wurde viel des noch bestehenden historischen Stuttgarts geopfert. So wurde in der Nachkriegszeit die Architektur der Gründerzeit abgelehnt und abgerissen. Heute geht es uns ähnlich mit den Bauten der 50er, 60er und 70er Jahre. Wir sollten daraus lernen, auch diese Bauten als Produkt ihrer Zeit zu achten und wenigstens die Veränderungen zu dokumentieren, damit die Erinnerung daran nicht verloren geht.

Der Rundgang im Buch führt in einem ersten Teil vom Marktplatz aus in Richtung Stiftskirche, dann in die Leonhardsvorstadt, das Geißviertel, über die Eberhardstraße zur Königstraße, danach in die Obere Vorstadt um die Hospitalkirche. Es folgt die Gegend um den Stadtgarten, der Schloßplatz sowie der Hauptbahnhof. In dem folgenden zweiten Teil werden noch Gebiete außerhalb des Innenstadtkerns dokumentiert. Es handelt sich bei diesem Buch also nicht nur um einen Rundgang durch die Innenstadt, sondern auch um einen Rundgang durch die Zeit und die Strukturen unserer Stadt.

Die Aufnahmen stammen aus dem Fotoarchiv der Landesbildstelle Württemberg, dessen Bestände zu immer neuen Entdeckungen einladen. Die Auswahl erfolgte zum einen nach der künstlerischen Gestaltung der Bilder, vor allem aber nach dem historischen Informationswert der Aufnahmen. Die ältesten Aufnahmen stammen von 1900, die jüngste von 1942. Leider konnten die Vororte, die zum Teil eine eigene Dokumentation verdient hätten, nicht ausführlicher berücksichtigt werden, da dies den Rahmen der Publikation gesprengt hätte.

Viele interessante Fotos aus der Vergangenheit der Stadt, die auch eine Publikation verdienen, befinden sich in Privatbesitz. Sie sind wichtige Dokumente für unsere Geschichte, die sorgfältig bewahrt werden sollten. Fotos sind eine besondere Quelle für das Wissen über die Vergangenheit. Ihre Interpretation ist allerdings nicht immer einfach. So wurden Aufnahmen oft aus gestalterischen oder politischen Gründen retuschiert. Der Abzug stellt also nicht unbedingt die Wirklichkeit dar. Auch der Ausschnitt, den der Fotograf gewählt hat, ist schon eine Interpretation. Dennoch bietet uns ein Foto immer noch eine sehr gute Möglichkeit das Vergangene sichtbar zu machen. Sei es das frühere Stadtbild, die Gesichter unserer ehemaligen Mitschüler oder die Erinnerungen an einen schönen Urlaub.

Dieser Rundgang im Buch soll auch Lust machen, das alte Stuttgart im heutigen Straßengewirr zu entdecken, denn nicht alles vom historischen Stuttgart ist verloren gegangen. Nehmen Sie sich Zeit, Ihre Stadt, Ihre Straße zu entdecken. Denn auch heute verändert sich unser Stadtbild täglich. Kneipen und Geschäfte machen neu auf, schließen oder wechseln Namen und Pächter. Die alten Straßenbahnen verschwinden aus dem Stadtbild und werden durch Stadtbahnwagen ersetzt. Immer wieder begegnen wir Baustellen, die auf Veränderungen hinweisen. Vielleicht hilft dieses Buch auch diese teilweise unmerkliche Veränderung wahrzunehmen. In einer lebendigen Stadt sind Entwicklungen notwendig, denn sie muss sich den Bedürfnissen der jeweiligen Zeit anpassen, jedoch ist es genauso wichtig, das Alte zu bewahren, denn es ist ein Teil dessen, was einen Ort zur Heimat macht.

So lernen viele Stuttgart kennen, wenn sie die Stadt mit dem Auto besuchen, man blickt von den Hängen auf die Stadt im Nesenbachtal. Oft wurde diese Lage mit einem Kessel verglichen, doch Wolfgang Menzel beschrieb sie im 19. Jahrhundert poetischer: „Stuttgart liegt sehr schön in einem einer Venusmuschel gleichenden Tale, aus dem sich ringsum die Berge hinaufziehen." Dieses Tal war bis zu Beginn des 19. Jahrhunderts vor allem durch steile gerade Straßen mit dem Umland verbunden. Diese Straßen, wie die Alte Weinsteige, waren typisch für mittelalterliche Straßenführung. An den Steigen wurden den Fuhrwerken ein paar Zugtiere mehr vorgespannt. Die Planungen die Alte Weinsteige zu modernisieren begannen im Jahr 1815. Die neue Trassenführung von Oberbaurat Eberhard von Etzel begann damals am Wilhelmsplatz und zog sich über mehrere Serpentinen bis zum Ernst-Sieglin-Platz, ab dort wurde sie am Hang entlang nach Degerloch geführt. Am 23. Oktober 1831 wurde sie dem Verkehr übergeben. An diesem Tag ereignete sich auch gleich der erste Verkehrsunfall auf dieser Strecke. Ab 1904 fuhr die Filderbahn bis zur Hohenheimerstraße, später übernahm die Stuttgarter Straßenbahn diese Strecke. Diese schöne Panoramabahn ist seit Ende der 80er Jahre Geschichte, man fährt nun im Tunnel nach Degerloch.

Diese Aufnahme zeigt das Rathaus vor dem Abbruch 1902. Erbaut wurde das Gebäude mit dem geschwungenen Giebel ab 1456 als Fachwerkbau auf Anordnung Graf Ulrichs des Vielgeliebten. Es wurde von 1580-1583 mit einer Steinfassade verkleidet und mit Wappen der Vorfahren und Verwandten des Hauses Württemberg geschmückt. Das Erdgeschoss diente auch als Kaufhaus. 1824 wurde das Rathaus klassizistisch umgestaltet und der Schmuck entfernt. Zunehmend wuchs die Stadt und damit auch die Verwaltung, in den Gebäuden rechts vom Rathaus waren um 1900 auch städtische Behörden untergebracht. Auf der linken Seite des Gebäudes ist der Marktbrunnen zu sehen. Er stand ursprünglich auf dem heutigen Schillerplatz, 1714 wurden die gusseisernen Platten angefügt. 1804 wurde das Bassin mit einem Brunnenstock von Hofbaumeister Thouret auf dem Marktplatz neu aufgestellt. 1901 wurde er schließlich auf den Wilhelmsplatz versetzt, seit 1974 steht er aber wieder auf dem Marktplatz.

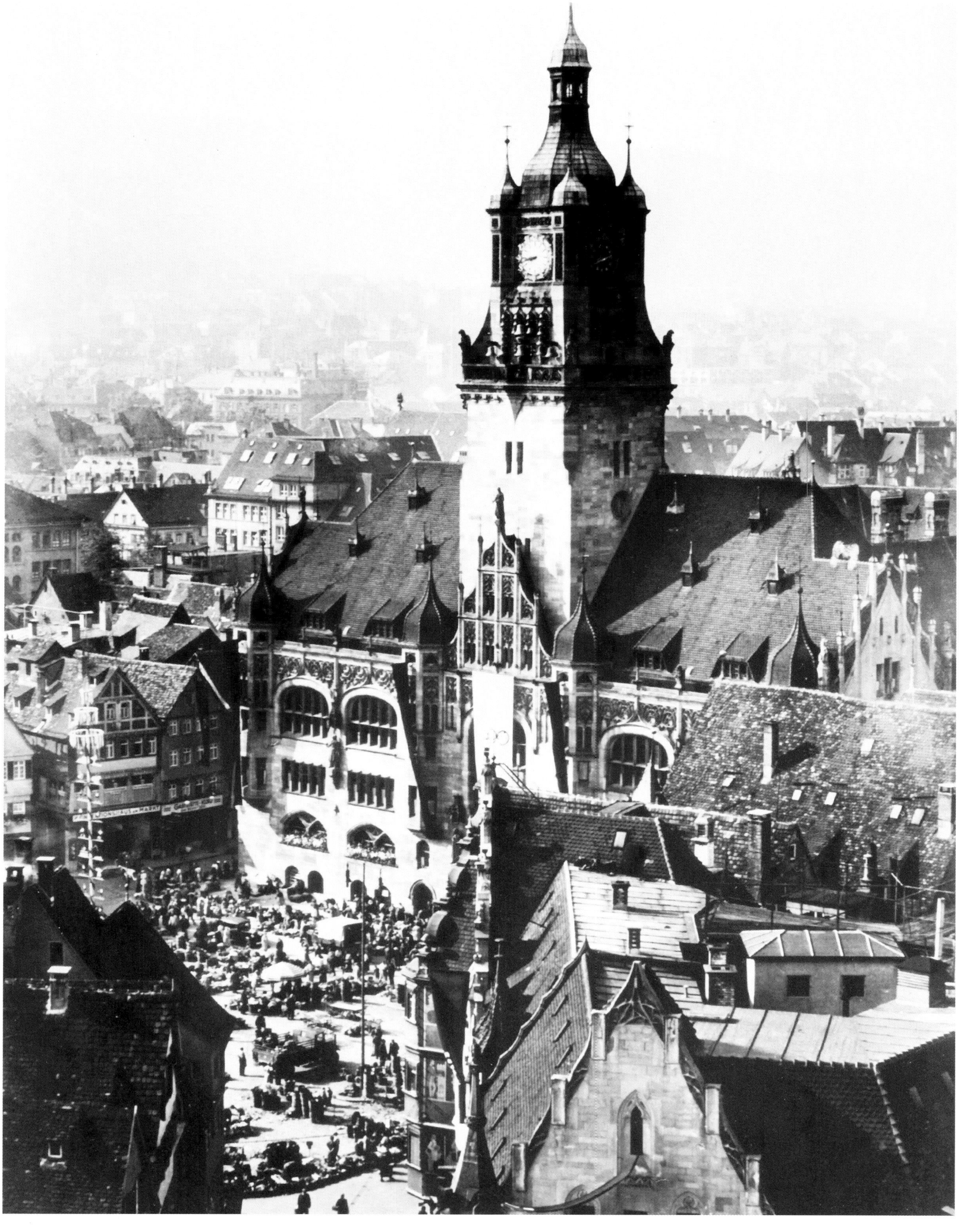

Links: Das neue Rathaus wurde von 1899 bis 1905 anstelle eines Altstadtviertels und des alten, viel zu kleinen Rathauses erbaut. Heinrich Jassoy und Johannes Vollmer gestalteten es im repräsentativen Stil der flämischen Spätgotik. Es war mit Standbildern von verschiedenen Bildhauern geschmückt. Von diesen sind noch die Stuttgardia an der Hirschstraße und Hegel in der Eichstraße am Rathaus zu sehen. 1933 wehte dann die Hakenkreuzflagge auf dem Rathaus. Die 1928 von Adolf Hoelzel geschaffenen Glasgemälde im Treppenhaus wurden herausgerissen. Der Wunsch des Oberbürgermeisters Gauß bei der Eröffnung, „Das Rathaus ist ein Werk, von dem wir hoffen, daß es noch jahrhundertelang der Stolz und die Zierde der Stadt sein möge", ging nicht in Erfüllung. Nach den Angriffen im Jahr 1944 war das neugotische Innere komplett ausgebrannt. In der Nachkriegszeit entschloss man sich den vorderen Teil des Rathauses neu zu errichten, dabei wurde der alte Turm 1953 bis 1956 um ein Drittel gekürzt und in den Neubau von Paul Schmohl und Paul Stohrer integriert. Auf der Aufnahme vom Westturm der Stiftskirche ist am Rathausturm Fahnenschmuck zur Olympiade 1936 zu sehen, die in diesem Jahr in Berlin stattfand.

Oben: Der Marktplatz wurde 1290 erstmals urkundlich erwähnt, im 15. Jahrhundert wurde er durch Abriss von Häusern vergrößert. Er diente neben seiner Funktion als Gemüsemarkt auch zu Versammlungen und Festumzügen. Er war vor dem Krieg von stattlichen Giebelhäusern umgeben, die zum Teil auf das 13. Jahrhundert zurückgingen. Im Feuersturm vom 26. Juli 1944 ging dieser Bereich des alten Stuttgarts unter. Auf dem Bild von 1930 mit Blick zur Stiftskirche ist links der Tritschler-Bau von 1907 mit weißen Giebeln zu sehen. Er wurde von Hengerer in Bezug auf das Rathaus in gotisierender Form erstellt und im Krieg zerstört. Rechts davon schließt sich das Spielwarengeschäft von Hermann Kurtz an, das heute noch die Kinderherzen erfreut. Im Vordergrund sind Busse zu sehen, die damals eine große Rolle bei der Personenbeförderung spielten.

Die Küferstraße, hier im Jahr 1927 aufgenommen, befand sich direkt hinter dem Rathaus, sie war mit den typischen Giebelhäusern der Stuttgarter Altstadt bebaut. Doch wie zuvor schon die Häuser an der Metzgerstraße, mussten nun auch die Häuser zwischen Küfer- und Nadlerstraße dem Rathaus weichen. Sie wurden bis zum 27. Mai 1937 im Rahmen einer Altstadtsanierung abgerissen, um die Rückfront des Rathauses besser zur Geltung zu bringen und um Parkplätze für städtische Behörden zu schaffen. Der geschaffene Platz erhielt keinen eigenen Namen. Heute befindet sich eine Bar an dieser Stelle.

In der Schulstraße war wohl der Vorgänger des heutigen Marktplatzes. Allerdings war sie zu dieser Zeit etwas breiter, da die linke Straßenseite erst später entstand. Den Namen hatte sie von der Schule, die im 15. und 16. Jahrhundert in dieser Straße lag. Der Straßenname gehört zu den ältesten noch gebräuchlichen in Stuttgart. Der Anstieg zur Königstraße, der auf der Aufnahme von 1926 gut zu sehen ist, erinnert noch an den Wall, der die Stadt zur Königstraße dem ehemaligen „Großen Graben" hin abschloß. Rechts am Bildrand sind Schaufenster des Kaufhauses Tietz zu erkennen. Die Häuser an dieser wichtigen Verbindungsstraße zwischen Marktplatz und Königstraße verbrannten beim Angriff vom 26. Juli 1944. Sie wurde 1950 bis 1958 unter Beibehaltung des alten Straßenprofils als erste reine Fußgängerzone der Bundesrepublik Deutschland auf zwei Ebenen gebaut und ist ein Beispiel für modernen Wiederaufbau nach dem Krieg.

Auf dem Bild von 1935 ist der Bebenhäuser Hof von der Schmalen Straße aus zu sehen. Noch heute erinnert eine Straße an die Niederlassung des Klosters Bebenhausen in Stuttgart, die das erste Mal 1286 urkundlich erwähnt wurde. Dieser „Pfleghof" diente als Umschlagplatz für die landwirtschaftlichen Erzeugnisse des Klosters in Stuttgart. Er bestand aus Wohn-, Speichergebäuden und einer Kapelle, die ab 1495 entstanden. Nach der Reformation wurde das Gebäude von 1699 bis 1807 den Hugenotten überlassen, daher kam auch die Bezeichnung „Französische Kirche". Die Kirche diente dann vor dem Zweiten Weltkrieg als Polizeigefängnis. Trotz heftigen Widerstands wurde das Gebäude 1953 komplett abgerissen. Heute steht dort seit 1957 das „Dreifarbenhaus", wie das Stuttgarter Bordell im Volksmund genannt wird. Links neben dem Bebenhäuser Hof ist das Neue Sachsenheimsche Haus zu sehen. Es wurde 1478 von den Brüdern Jörg und Hermann von Sachsenheim an der Stadtbefestigung errichtet. Daher gab es dort auch einen Durchgang, die starke Wand links war ein Rest der Stadtmauer, was auf der Aufnahme gut zu sehen ist.

Im Hintergrund der Kirchstraße ist der Rathausturm zu erkennen, die Straße ist für das Deutsche Turnfest mit Hakenkreuzfahnen und Fahnen des Turnfestes geschmückt. Das 15. Deutsche Turnfest begann am 21. Juli 1933 auf dem Wasen mit Vorveranstaltungen. Die Feier wurde in den Dienst der nationalsozialistischen Propaganda gestellt, wie hier eindrücklich am Flaggenschmuck sichtbar wird. Auf dem benachbarten Marktplatz fand am Abend des 28. Juli 1933 eine Kundgebung für die Rückkehr des Saarlandes statt. Auf der linken Seite ist ein Haus des Spielwarengeschäftes Kurtz zu sehen, das auch heute noch existiert. Die Kirchstraße wurde bei den Luftangriffen 1944 bis auf die Grundmauern zerstört.

Links: Das 1483 urkundlich genannte Haus befand sich in der Bandstraße, die zwischen Kirchstraße und der damaligen Grabenstraße verlief. Nach den Zerstörungen des Zweiten Weltkriegs wurde sie nicht wieder hergestellt und ist heute nur eine namenlose Hinterhofzufahrt. Die Straße war nach dem Binden der Weinfässer benannt worden. Das Haus Heinrich Menheer gehörte wohl ursprünglich zur Kelter des Klosters Lorch. Der benachbarte Klosterhof diente der Verwaltung der Güter des Klosters in der Stadt sowie der Vermarktung der Abgaben des Klosters. Der Schmuck am Torbogen mit den Abzeichen des Küferhandwerks stammt aus dem 19. Jahrhundert und erinnert an die Tradition des Weinbaus in Stuttgart. Ab 1875 gehörte das Haus und der Hof der Weinhandlung Lieb, bis zur Zerstörung der Firma Rehn.

Rechts: Das älteste erhaltene Wohnhaus der Stadt befand sich bis zum Abriss 1953 an der Grabenstraße, die wohl den südwestlichen Abschluss des alten Siedlungsbereichs bei der Stiftskirche bildete. Das wehrhafte Gebäude stammte wohl aus dem Jahr 1286 und wurde erstmals 1393 urkundlich erwähnt. Am 19. September 1935 ging das Alte Steinhaus von der Städtischen Stadtsparkasse in den Besitz der Stadt Stuttgart über. Zur gleichen Zeit wurde die Fassade freigelegt, dabei kamen der gotische Treppengiebel und frühgotische Fenster zum Vorschein. Am 16. Mai 1942 wurde das Gebäude als einziges Wohnhaus der Stadt für „wertvoll" im Sinne der Luftschutzmaßnahmen erklärt. Im Zweiten Weltkrieg brannte das Haus dennoch im Inneren aus, die dicken Mauern blieben jedoch stehen. Trotz Empfehlung des Denkmalamtes und des städtischen Wirtschaftsausschusses traf die Technische Abteilung im Rathaus im Juni 1949 die Entscheidung, dieses bedeutende Gebäude abzubrechen. Die Gegner dieser Pläne konnten den Abriss noch bis 1953 hinauszögern, dann rückten jedoch die Baumaschinen an. Heute befinden sich Parkplätze an dieser Stelle, Reste des Hauses sind im städtischen Lapidarium zu sehen.

Das Rappsche Haus, das Gebäude mit dem auffälligen Giebel neben der Stiftskirche, war einst ein geistiges Zentrum der Stadt am Ende des 18. Jahrhunderts. Es gehörte dem Kaufmann, Geheimen Hofrat und Hofbankdirektor Gottlob Heinrich Rapp (1761-1832). Dieser Kunstfreund versammelte in seinem Haus Künstler wie den Bildhauer Dannecker, den Musiker Zumsteeg und den Dichter Matthisson. Bei Besuchen in Stuttgart waren hier auch Schiller und Goethe zu Gast. „Heute früh rekognoszierte ich allein die Stadt, ihre Anlagen, sowie besonders die Alleen gefielen mir sehr wohl; an Herrn Rapp fand ich einen sehr gefälligen Mann und schätzbaren Kunstliebhaber, [...]". So urteilte Goethe bei seinem Aufenthalt 1797 über den Kaufmann. Das Haus war ursprünglich 1598 vom Hofküfer Kayser erbaut worden und seit 1756 im Besitz der Familie Rapp. 1845 und 1892 wurde das Haus erneuert. Vor der Zerstörung im Zweiten Weltkrieg war Lindemanns Buchhandlung in dem Gebäude untergebracht.

Vom Westturm der Stiftskirche aus wurde schon 1862 Bilder aufgenommen. Auf dieser Aufnahme ist das Gebiet zwischen der Stiftsstraße und dem Bebenhäuser Hof zu sehen. Dieser ist im Hintergrund rechts mit dem großen Dach und den vielen Gauben gut zu erkennen. Die Häuser in der Bildmitte mit den großen Giebeln befanden sich an der Schulstraße. Das Gebäude unten rechts war die erste Post in Stuttgart, sie wurde Ende des 17. Jahrhunderts eingerichtet. Daran erinnerte auch der Name der Wirtschaft Alte Post – Stiftsstube. Dieses Dächermeer, das durch den Schnee besonders hervortritt, verbrannte am 26. Juli 1944, heute wird der Blick vom Turm vor allem von Flachdächern beherrscht.

Der Schillerplatz ist hier aus dem Eingang zur Alten Kanzlei, die im 16. Jahrhundert erbaut worden war, aufgenommen worden. Dieser Platz wurde durch Abbruch von Häusern in der Renaissance geschaffen. Den Namen erhielt er 1839 durch die Aufstellung der Schillerstatue von Bertel Thorwaldsen. Hinter dem Denkmal ist die Stiftskirche zu sehen. Links von der Kirche steht der Gasthof „Der König von England". Im 18. Jahrhundert war hier das „Große Kaffeehaus" untergebracht, ab 1798 nahm der Gasthof seinen Betrieb auf. Er war in der ersten Hälfte des 19. Jahrhunderts die erste Adresse der Stadt. Gäste waren unter anderem Chopin und Jean Paul. Ludwig Börne schrieb nach einem Besuch im König von England: „Ich platze nächstens. [...] Was Shakespeare unter den Dichtern ist, [...] das ist der hiesige Wirtstisch [...]." Ab 1867 war das Vergnügen vorbei und der Kreisgerichtshof zog ein, ab 1879 wurden städtische Behörden in dem Gebäude untergebracht. Im Zweiten Weltkrieg brannte das Haus aus und wurde nicht wiederhergestellt.

Vom Eingang der Stiftskirche her ist das Schiff zu sehen, an dem Hänslin und danach sein Sohn Aberlin Jörg von 1433 bis 1495 bauten. Im Hintergrund sieht man den von 1327 bis 1347 durch den Baumeister Walther ausgeführten Chor. Die Glasgemälde im Chor stammten von 1841 und wurden 1944 zerstört. Am linken Bildrand ist die „Goldene" Kanzel zu erkennen. Sie wurde um 1500 von einem unbekannten Künstler geschaffen. 1973 wurden Reste davon wiederaufgefunden und im Chor der Kirche aufgestellt. Im Zweiten Weltkrieg wurde die Kirche durch Feuerstürme und Bomben vernichtet. Die gotischen Gewölbe und viele Kunstwerke wurden zerstört. Nach dem Zweiten Weltkrieg stellte man die Kirche bis 1958 mit starken Eingriffen in die historische Gestalt wieder her. So wurde unter anderem das Netzgewölbe des Langhauses durch eine hölzerne Tonnendecke ersetzt. In den nächsten Jahren soll die Gestaltung der 50er Jahre durch eine neue moderne Konstruktion ersetzt werden.

Rechts: Die Schillerstatue war das erste bedeutende Denkmal für den Dichter. Allerdings wurde es nach der Aufstellung heftig kritisiert, da kein heroischer Dichter dargestellt ist, sondern ein nachdenklicher Poet. Auf der Aufnahme ist der Platz zum hundertsten Todestag Schillers geschmückt. Die Umfassung des Denkmals ging im Zweiten Weltkrieg verloren, die Statue überdauerte den Krieg unbeschädigt im Wagenburgtunnel. Im Hintergrund ist der 1578 errichtete Fruchtkasten zu erkennen, der 1596 von Heinrich Schickhardt im Stil der Renaissance umgebaut wurde. Der Wiederaufbau erfolgte nach der Zerstörung im Luftkrieg im Inneren im Stil der 50er Jahre, 1992 erfolgte ein weiterer Umbau für das Landesmuseum. Rechts daneben ist der Prinzenbau zu sehen. An dem Gebäude wurde von 1604 bis 1775 gebaut. Von Heinrich Schickhardt stammen noch die heute erhaltenen Keller, die Fassadengestaltung aus dem 17. Jahrhundert und das Verbindungsstück zur Alten Kanzlei schließlich von 1775. Das Gebäude diente als Gesandtenhaus, ab 1713 wurde das Gebäude von Wilhelmine von Grävenitz, der Mätresse des Herzogs bewohnt. Im 19. Jahrhundert diente er dann Prinzen des Hauses Württemberg als Wohnung. Der letzte König Württembergs Wilhelm II. wurde hier geboren.

Unten: Das Alte Schloss geht auf eine Wasserburg des 14. Jahrhunderts zurück, im 16. Jahrhundert wurde es zu einer Renaissanceanlage umgestaltet. Bis in die Nachkriegszeit wurden immer wieder Veränderungen vorgenommen. Die großen Fenster auf der rechten Seite gehören zur Schlosskirche. Sie wurde 1558 als erster protestantischer Kirchenbau in Württemberg begonnen. Deutlich ist auf diesem Bild der Brandschaden an den hinteren Teilen des Schlosses zu sehn. Am 21. Dezember 1931 wurde der Dürnitzbau ein Opfer der Flammen. Bei den Löschversuchen starben drei Feuerwehrmänner, das Schloss brannte tagelang. Den Neuaufbau leitete Paul Schmitthenner im nationalsozialistischen Geist, ohne sich am historischen Bestand zu orientieren. Der Dürnitzbau mit den Renaissancegiebeln, der nach 1931 wiederaufgebaut worden war, und die anderen Teile des Schlosses wurden beim Angriff vom 26. Juli 1944 erneut zerstört. Nach dem Krieg wurde der Neuaufbau des Schlosses wieder durch Paul Schmitthenner von 1947 bis 1958 geleitet, diesmal allerdings nicht mehr im nationalsozialistischen Geist, aber genauso wenig rücksichtsvoll im Umgang mit der historischen Bausubstanz.

Die Alte Gemüsehalle wurde 1864 mit einer Blumen- und Früchteschau eingeweiht. König Wilhelm I. schenkte sie der Stadt und ließ die Halle nach Plänen von Morlok in Glas und Eisen erbauen. Sie sollte die Versorgung der Stadt mit Lebensmitteln erleichtern und der Landbevölkerung eine ständige Absatzmöglichkeit bieten. An dieser Stelle befand sich zuvor der berühmte „Neue Bau" von Schickhardt. Das repräsentative Gebäude, das italienische Renaissanceformen mit deutschem Stil verband, brannte 1757 ab. Die heutige Markthalle wurde 1912 an dieser Stelle nach Plänen von Martin Elsaesser erbaut. Nachdem sie den Krieg einigermaßen überstanden hatte, sollte sie in den 80er Jahren abgerissen werden, da ihre Erhaltung als „soziale Romantik" galt. Doch auch heute noch wird Stuttgart an diesem Ort mit nahrhaften Dingen versorgt.

Rechts: Die Kleine Kelter in der Engen Straße wurde wohl 1448 unter Ulrich dem Vielgeliebten erbaut. Als Große Kelter wurde ursprünglich der Stiftsfruchtkasten bezeichnet. Die Kleine Kelter wurde auch Hauptzoll genannt, da hier Weinabgaben gelagert wurden. Im Erdgeschoss wurde noch bis 1800 Wein gepresst. Mit seiner Giebelhöhe von ungefähr 28 Metern war es lange Zeit das höchste Haus der Stadt. Auf dieser Aufnahme ist die Rückseite des Stohrersches Haus genannten Gebäudes zu sehen, links davon die Markthalle. An dieser Stelle befand sich der Alte Marstall von 1560, bis er 1906 ebenfalls für den Bau der Markthalle abgerissen wurde. Die Enge Straße mit ihren Gebäuden wurde nach den Zerstörungen des Zweiten Weltkriegs nicht wieder aufgebaut, sie befand sich zwischen Marktplatz und Sporerstraße.

15

Ab 1881 begann Eduard Breuninger an der Münzstraße sein Geschäft aufzubauen. 1900 erstellte er an der Sporerstraße ein modernes Geschäftshaus, 1908 folgte das Gebäude an der Marktstraße. Ab 1911 plante er den Bau eines neuen Kaufhauses im Gebiet zwischen Karlstraße und Holzstraße. Mit diesem Bau von Eisenlohr und Pfennig wurde 1929 begonnen. Dazu wurden die Häuser auf dieser Aufnahme abgerissen. Der Neubau musste den Nesenbachkanal integrieren und wurde am 11. Mai 1931 eröffnet. Oberbürgermeister Lautenschlager sagte bei dieser Gelegenheit: „wir [...] dürfen rühmen und loben das Werk, das Jahrhundertealtes und Veraltetes unter und über der Erde durch Neues ersetzt, das Licht und Luft in ein dunkles, [...] berüchtigt gewordenes Häusergewinkel gebracht hat." Mit den Neubauten in der Altstadt war auch eine Verbreiterung der Straßen verbunden, um den Verkehr zu erleichtern. Die alten Häuser wurden als nicht erhaltenswert eingestuft, so ist auch schon vor 1944 vieles verloren gegangen. Auf der anderen Seite muss berücksichtigt werden, dass die Lebensbedingungen in den alten Vierteln nicht besonders angenehm waren. Eine romantische Rückschau wird der damaligen Zeit sicher nicht gerecht.

Durch die Untere Bachstraße floß der Nesenbach bis zu seiner Überwölbung in den sechziger Jahren des 19. Jahrhunderts. An seinem Ufer verlief bis dahin nur ein Fußweg. Der alte Weg ist hier im Bereich der Lederstraße auf der linken Seite noch zuerkennen. Dieser Bereich wurde wegen der vielen Wirtschaften auch „Schnapskanal" genannt. Bei starkem Regen trat der Nesenbach aus dem Kanal und überschwemmte die tiefer liegende Straße. Heute existiert die Straße nicht mehr, sie verlief im Bereich der heutigen Karlstraße. Im Hintergrund ist das Breuninger-Hochhaus zu sehen.

Auf dem Foto ist der Platz mit Flaggenschmuck für das 15. Deutsche Turnfest zu sehen. Neben den Hakenkreuzfahnen ist die Fahne der Turner mit dem vierfachen „F", das für „frisch-fromm-fröhlich-frei" steht, zu erkennen. Dieses Zeichen von 1846 geht auf Turnvater Jahn zurück. Am linken Bildrand ist eine Fahne der Deutschen Turnerschaft zu sehen. Auch die alten Reichsfarben schwarz-weiß-rot wurden auf den Straßen gezeigt. Im Zentrum der Aufnahme ist der Breuninger-Kaufhausbau von 1931 zu sehen. Nach dem Kaufhaus Schocken von 1928 war es der zweite moderne Kaufhausneubau in Stuttgart. Durch die Konstruktion mit den großen Glasfenstern konnte auf einen Innenhof zur Lichtführung verzichtet werden. Die Fassade war mit Naturstein verkleidet, die Dachterrassen für die Erholung des Personals gedacht. Das Gebäude brannte im Juli 1944 aus, wurde danach wieder provisorisch hergerichtet und steht noch heute hinter einer neuen Fassadenverkleidung. Die Häuser links und rechts des Hochhauses wurden im Krieg total zerstört, heute verläuft an ihrer Stelle die Stadtautobahn „City-Ring".

Noch heute sind Besucher der Innenstadt verwirrt, wenn sie auf dem Stadtplan einen Straßenraum finden, der zwei Namen hat. Auf der einen Seite, beim Breuningerparkhaus, liegt die Esslinger Straße, auf der anderen, beim Breuninger-Hochhaus, die Holzstraße, und dazwischen liegt die Stadtautobahn. Hier gab es ursprünglich zwei verschiedene Straßen, die nach den Kriegszerstörungen dem Durchbruch der B 14 weichen mussten. Die erste urkundliche Erwähnung der Esslinger Straße stammt von 1472. Graf Eberhard der Milde ließ 1393 die so genannte Esslinger Vorstadt nach dem Beispiel der Prager Neustadt planmäßig anlegen. Nur zwei Gebäude an dieser Straße überstanden den Zweiten Weltkrieg, die aber dann 1958 abgerissen wurden. Auf der Aufnahme ist wieder Fahnenschmuck des Turnfestes zu sehen. Bei Aufnahmen aus dieser Zeit kommt es häufig vor, dass Hakenkreuze nach dem Dritten Reich entweder wegretuschiert oder übermalt wurden, da dieses Symbol nun verboten war. Das Gebäude auf der rechten Straßenseite mit dem Balkon beherbergte seit 1840 den Gasthof zum goldenen Bären. Von 1897-1928 befand sich dort das Stuttgarter Gewerkschaftshaus, später wurde das Gasthaus Petershof genannt.

Rechts: Von den Gebäuden auf dieser Aufnahme vom Olgaeck steht heute nur noch das Haus am linken Bildrand. Die Olgastraße, die in der zweiten Hälfte des 19. Jahrhunderts angelegt wurde, war mit Villen und bürgerlichen Mietshäusern bebaut. Einige Gebäude befanden sich in jüdischem Besitz und wurden im Dritten Reich unter anderem von der Stadt günstig aufgekauft. Die Linie 3 der Straßenbahnen verkehrte zwischen dem Marienplatz und der Danziger Freiheit, dem heutigen Charlottenplatz, der seit 1934 den neuen Namen trägt. Dies macht auch deutlich, wie stark selbst Straßennamen von den Nationalsozialisten zu Propagandazwecken benutzt wurden. Nach dem Zweiten Weltkrieg wurden die meisten Umbenennungen rückgängig gemacht, manche blieben aber auch bestehen. So wurde am 26. Mai 1933 die Heinestraße aus politischen Gründen in Richard-Wagner-Straße umbenannt, nach dem Krieg wurde dies nicht rückgängig gemacht. Warum bleibt fraglich, nur eine auf private Initiative hin angebrachte Tafel erinnert noch an diesen Vorgang.

Unten: Die auf dem Bild romantisch zugewucherte Englische Kirche wurde von der Engländerin Dunbar Masson gestiftet. Der von Professor Wagner entworfene neugotische Bau wurde 1868 durch den Bischof von Honolulu der Heiligen Katharina geweiht. Seit 1842 gab es schon einen anglikanischen Gottesdienst in Stuttgart, der mit dieser Kirche einen eigenen Raum fand. Ab 1906 wurde die Kirche von den Altkatholiken mitbenutzt, deren Gottesdienst noch heute dort stattfindet. Im Zweiten Weltkrieg wurde sie schwer beschädigt und ohne das Querschiff wiederaufgebaut. Im Hintergrund rechts ist der Schellenturm, einer der wenigen Reste der Stadtbefestigung Stuttgarts, mit seinem Fachwerk zu sehen. Der Turm von 1564 übernahm die Bezeichnung von einem Turm, der an der Kanalstraße lag und 1811 abgerissen wurde. Anfang des 20. Jahrhunderts war er ein Beispiel des Wohnungselends in Stuttgart, das Treppenhaus diente einer vielköpfigen Familie als Küche. Nach dem Krieg sollten die Reste abgerissen werden, konnten jedoch dank einer Bürgerinitiative gerettet werden. Heute beherbergt er eine der typischen Weinwirtschaften des Bohnenviertels.

Die Pfarrstraße gehörte zum Herzen des Bohnenviertels, des wohl urigsten Stadtteils vor dem Zweiten Weltkrieg in Stuttgart. Er gehörte zur Esslinger oder Leonhardsvorstadt, die sich ursprünglich zwischen Charlotten-, Katharinen-, Wilhelmstraße und Eberhardstraße erstreckte. Der Heimatdichter Wilhelm Löffel drückte dies so aus: „S'Volk war leschär ond hot et g'schnautz/ ond älles hot anander dautzt/ Am beschta isch, net zom vergessa/ d'r Schwong em Bohnaviertel gsessa." Auf der Aufnahme ist rechts im Hintergrund ein spitzgiebeliges Haus mit Erker zu sehen.

Der mündlichen Überlieferung nach war es vor 1600 das Pfarrhaus der Leonhardskirche. In den Jahren vor der Zerstörung 1944 wurde es von einem Lumpensammler benutzt. Gegenüber befand sich die erste Schule mit deutscher Unterrichtssprache in Stuttgart von 1534-1536. Die heutige Pfarrstraße hieß vor dem Krieg Brunnenstraße, die alte verlief direkt daneben am heutigen Züblinparkhaus. Trotz aller Zerstörung und den beiden Parkhäusern ist das Bohnenviertel auch heute noch ein interessanter Stadtteil, in dem sich eine Erkundungstour lohnt.

Stuttgart liegt ja bekanntlich nicht am Neckar sondern am Nesenbach, doch wo der genau verlief, das wissen die wenigsten. Vielleicht ist gerade noch bekannt, dass er durch das Breuninger-Kaufhaus hindurch verläuft. Wer auf dem Stadtplan nachschaut wird auch noch einen weiteren Hinweis finden, die Nesenbachstraße zwischen Christoph- und Torstraße. Sein weiterer Lauf befand sich zwischen Eberhard- und Hauptstätter Straße. Ab 1864 wurde sein Bett, das ab dem 17. Jahrhundert schon eingefaßt war, überwölbt. Bis dahin musste man den Fluss über Brücken überqueren, wenn man von der Innenstadt in die Leonhardsvorstadt wollte. Doch immer wieder musste an dem Kanal gearbeitet werden, wie auf diesem Foto zu sehen ist. 1983 wurden dieser Kanal für den Bau des Schwabenzentrums zerstört, heute verläuft der Nesenbach unter der Eberhardstraße. Immer wieder trat der Fluss bei Unwettern über die Ufer, so wurde 1508 berichtet, dass man auf dem Markt Schiff fahren konnte. Auch als Kanalisation musste der Bach herhalten, da er aber zu wenig Wasser führte verschlammte der Kanal, so dass der Gestank in der Stadt unerträglich war. Ab 1740 war es dann verboten Unrat in den Bach zu werfen, gleichzeitig wurde der Kanal auch gereinigt.

Die Lebensbedingungen in den Altstadtgassen waren im Zuge der Industrialisierung immer unzumutbarer geworden. Krankheiten wie Tuberkulose resultierten zum Teil aus den beengten, unhygienischen Wohnverhältnissen. Daher gab es eine soziale Bewegung, die durch Neubausiedlungen und durch Sanierungsmaßnahmen die Lebensverhältnisse der unteren Schichten verbessern wollte. Luft und Licht wurden von dieser Hygienebewegung als wichtige Faktoren der Lebensbedingungen erkannt, zudem bestand durch die Holzbauten ja auch eine erhöhte Brandgefahr. Eine der ersten Sanierungsmaßnahmen war der Neubau des Viertels an der Geißstraße. Der von Eduard Pfeiffer geführte „Verein zum Wohl der arbeitenden Klasse" hatte schon im 19. Jahrhundert eine Neubausiedlung mit „Ostheim" erstellt. Nun ließ er 87 Häuser abbrechen und von 1900 bis 1909 durch Karl Hengerer 33 neue Gebäude in historisierendem Stil erbauen.

Im Zentrum des Viertels steht seit 1909 der Hans-im-Glück-Brunnen von Josef Zeitler. Den Zweiten Weltkrieg überstand dieses Viertel mehr oder weniger unbeschadet. Im Haus hinter dem Brunnen brach am 16. März 1994 ein Brand aus, dem sieben Bewohner zum Opfer fielen. Aufgrund dieses tragischen Vorfalles kam es kurz darauf zur Gründung der Stiftung Geißstraße 7, die sich zum einen mit dem Zusammenleben von Ausländern und Deutschen befasst, zum anderen kulturelle und zeitgeschichtliche Veranstaltungen anbietet. Rechts im Hintergrund erhebt sich der Turm des Graf-Eberhard-Baus. Er wurde 1908 von Karl Hengerer für eine Baugesellschaft erstellt und war mit seinen Geschäften, einem Restaurant und dem „Wiener Café" ein Treffpunkt für alle Schichten. In der Nacht vom 26. Juli 1944 brannte der Bau nach einem Bombenvolltreffer aus und wurde nach dem Krieg vereinfacht wiederhergestellt.

Links: „Stuttgart empor!" war der Titel der Sonderausgabe des Stuttgarter Neuen Tagblatts zur Einweihung des Zeitungsgebäudes und ersten Hochhauses Stuttgarts 1928. Mit 61 Metern ist es höher als der Bahnhofsturm, doch zu einem Hochhausboom führte der Bau dann doch nicht. Der Turm von Ernst Otto Oßwald ist mit seiner Stahlkonstruktion und Sichtbetonfassade ein herausragendes Beispiel für das Neue Bauen in Stuttgart. Auf der Aufnahme sieht man deutlich den Bedeutungsgewinn des Lichtdesigns in diesen Jahren. Das Gebäude links vom Turm war ursprünglich von Christian Friedrich Leins im neugotischen Stil erbaut worden, nach wenigen Jahren wurde seine Fassade dem Turm angepasst. In der Nachkriegszeit war hier die Stuttgarter Zeitung zu Hause. Dort sind heute städtische Behörden, das Theater „tri-bühne" und die Ausstellung zur Stadtgeschichte untergebracht. Die Gebäude auf der linken Seite sind zum Teil noch erhalten, unter anderem auch das Geburtshaus Hegels, in dem eine Ausstellung des Stadtarchivs zu dem Philosophen untergebracht ist.

Fotos Seite 25: Die Eberhardstraße war ursprünglich als Graben Teil der Stadtbefestigung der Altstadt. Im Verlauf der Zeit wurde der Graben aufgeschüttet und die neue Straße Kleiner Graben genannt. Erst 1811 wurde die Straße in Erinnerung an Graf Eberhard umbenannt. An der Stadtmauer wurde über zehn Jahre später der Gasthof „Zum Ritter Sankt Georg" erbaut, der eines der vornehmsten Häuser der Stadt wurde. Nachdem ein Teil des Gefolges des späteren Zaren Paul hier untergebracht war, wurde er 1803 in „Petersburger Hof" umbenannt. Der Komponist Carl Maria von Weber zählte zu den Gästen dieses Hotels, das für den Kaufhausneubau Schocken abgerissen wurde. So entstand in der Rekordbauzeit vom Juli 1927 bis September 1928 hier eine der bedeutendsten Kaufhausbauten des

20. Jahrhunderts. Dabei war das Gelände für den Architekten Erich Mendelssohn schwierig zu bebauen, da es von der Eberhardstraße aus um ein Stockwerk abfiel, und jeder der vier Flügel eine andere Geschoßhöhe aufweisen musste. Der als einer der ersten in Deutschland ausgeführte Stahlskelettbau wurde an der Hauptfassade mit durchlaufenden Fensterbändern versehen, die das Innere mit Tageslicht versorgten. Die Fassade war mit hellem Cannstatter Travertin verkleidet. Zentrales Gestaltungselement war aber der Glastreppenturm, der in der Nacht durch geschickt verstecktes Lichtdesign zu einem Werbeträger des Gebäudes wurde. Als Beispiel für modernes Bauen fand das Gebäude Eingang in zahlreiche Publikationen, so zum Beispiel das Brockhaus Lexikon. Im Dritten Reich wurde der Schocken-Bau als der „unschöne, unförmige Koloss des jüdischen Kaufhauses" bezeichnet. Am 10. März 1933 kam es vor dem Kaufhaus zu ersten Aktionen der SA und SS. Für eine Stunde verwehrten sie den Kunden den Zutritt und verteilten Blätter mit der Aufschrift „Deutsche, kauft nur in Deutschen Geschäften". 1938 wurde der Schocken-Konzern zwangsarisiert und zu einem Spottpreis an eine deutsche Bankengruppe verkauft, danach hieß es „Merkur". Das Kaufhaus überstand den Krieg beschädigt, 1945 konnte der Verkauf wiederaufgenommen werden. In den 50er Jahren ging es an die Horten AG über. Nach langen Streitereien mit der Stadt über einen Umbau beantragte die Aktiengesellschaft 1959 den Abriss. Trotz internationaler Proteste, die den Abbruch als „Schwabenstreich" bezeichneten, wurde das Gebäude 1960 zerstört. Der Architekt des Neubaus Eiermann hatte den Schocken-Bau als „minderwertig" eingestuft. An seine Stelle setzte er ein Gebäude mit Eierkarton-Horten-Einheitsfassade. Einer der wenigen Bauten Mendelssohns in Deutschland, der den Krieg überstanden hatte, wurde „freiwillig von seinen früheren Landesgenossen hingerichtet", wie es seine Frau ausdrückte.

Ursprünglich bezog sich die Bezeichnung Hauptstätter Straße nur auf den Markt zwischen Wilhelmsplatz und Leonhardsplatz, doch mit der Zeit wurde die Bezeichnung auch für die Straße bis zum Marienplatz verwendet. Hier außerhalb der Stadtmauern befand sich seit dem 16. Jahrhundert eine herrschaftliche Ziegelhütte, die von Heslach hierher verlegt wurde. Ziegeleien waren neben Mühlen eine der wichtigsten technischen Einrichtungen dieser Zeit. Als Rest dieser Anlage ist hier der Hauptbau der Ziegelei von 1584 zu sehen, der heute nicht mehr vorhanden ist.

Im Zuge des Stadtausbaus wurde der Marienplatz 1876 angelegt. Benannt wurde er aus Anlass der Verlobung des Kronprinzen Wilhelm II. mit Marie von Waldeck-Pyrmont. Er entwickelte sich mit der Zeit zu einem der wichtigsten Verkehrsknotenpunkten in Stuttgart.

Oben: Im Jahr 1935 wurde die Haltestelle der Zahnradbahn auf den Platz verlegt. Die von Emil von Kessler gebaute Zahnradbahnstrecke zwischen Degerloch und Stuttgart wurde am 23. August 1884 eingeweiht. Der alte Bahnhof lag damals noch in der Filderstraße. Das noch vorhandene repräsentative Gebäude wurde im Jahr 1907 ausgebaut und beherbergt heute das Theater „Die Rampe". Die Strecke war bis zum Ausbau der Straßenbahn auf der Neuen Weinsteige 1904 die wichtigste Verbindung mit dem Filderraum. Nach der Verlegung nahm die „Zacke" ihren Dienst vom neuen Bahnhof am 21. Dezember 1935 wieder auf.

Unten: Am Marienplatz befand sich auch eines der Depots der Stuttgarter Straßenbahnen. Seit 1868 gab es Straßenbahnen in Stuttgart als Pferdebahn zwischen Charlottenplatz und Stuttgart-Berg. Ab 1885 wurden die Strecken elektrifiziert. Das Depot auf der Aufnahme wurde 1893 bis 1895 erbaut und beherbergte die Hauptverwaltung der SSB bis 1925 und noch einmal nach 1945. 1962 wurde das Depot aufgelöst, da die Einfahrt in die Straße zu eng und gefährlich war, das Depot wurde nach Südheim verlegt. Der seit 1937 Platz der SA genannte Platz wurde in dieser Zeit auf einem Rundkurs von der Linie 3 bedient. Unter dem Platz wurde auch ein Bunker angelegt, der im Juli 1944 durch einen Volltreffer beschädigt wurde, dabei kamen 15 Menschen ums Leben. Die Betondecke hatte sie nicht vor der Sprengbombe geschützt.

In der Mitte des Bildes ist das Marienhospital von der Rückseite aus zu sehen. Im Jahr 1889 wurde der erste Bauteil des Marienhospitals durch Robert von Reinhardt für die Barmherzigen Schwestern des Ordens zum heiligen Vinzenz von Paul errichtet. Es kam im Verlauf der Zeit zu Erweiterungsbauten. Heute ist der historische Marienbau eingeklemmt zwischen Neubauten aus den 60er und 70er Jahren. 1984 konnte ein Abriss gerade noch durch engagierte Bürger verhindert werden. Hinter dem Gelände ist Heslach mit der Matthäuskirche zu sehen. Die Kirche wurde von 1876 bis 1881 nach Plänen von Dollinger durch Stadtbaurat Wolff in neoromanischen Formen erstellt. Ihren Namen erhielt sie aber erst 1895. Im Zweiten Weltkrieg wurde sie schwer beschädigt. Auf dem Berg im Hintergrund ist der Hasenbergturm zu sehen. Am 15. August 1879 wurde der nach Plänen von Professor Beyer erbaute Turm für den Verschönerungsverein eingeweiht. Er hatte eine Höhe von 36 Metern und war ein beliebtes Ausflugsziel. Da man glaubte, er könne alliierten Fliegern als Hinweis auf die Stadt im Tal dienen, wurde er am 24. März 1943 gesprengt.

Rechts: Obwohl Stuttgart eine Weinstadt ist, wurde in der Stadt nachweislich im 17. Jahrhundert schon Bier gebraut. Immer wieder kam es zu Streitigkeiten zwischen den Brauern und Winzern. 1663 wurden schließlich die Stuttgarter Brauereien aufgehoben. Erst ab 1798 nach Wegfall des herrschaftlichen Monopols kam es zu einer Gründungswelle. Im 19. Jahrhundert trat das Bier durch neue Techniken gefördert auch in Stuttgart seinen Siegeszug an. Zuerst in den unteren Schichten verbreitet, fand das Getränk seinen Weg in die Oberschicht. Die Württembergisch-Hohenzollerische Brauereigesellschaft war vor dem Ersten Weltkrieg die größte Brauerei in Stuttgart mit einer Produktion von 200 000 hl im Jahr. Ab 1872 begann ein Konzentrationsprozeß, der 1935 mit der Gründung der Hofbräu AG abgeschlossen wurde. Auf der Aufnahme der Gebäude an der Böblinger Straße ist der Schriftzug „Stuttg. Hofbräu" an der rechten Seite zu erkennen.

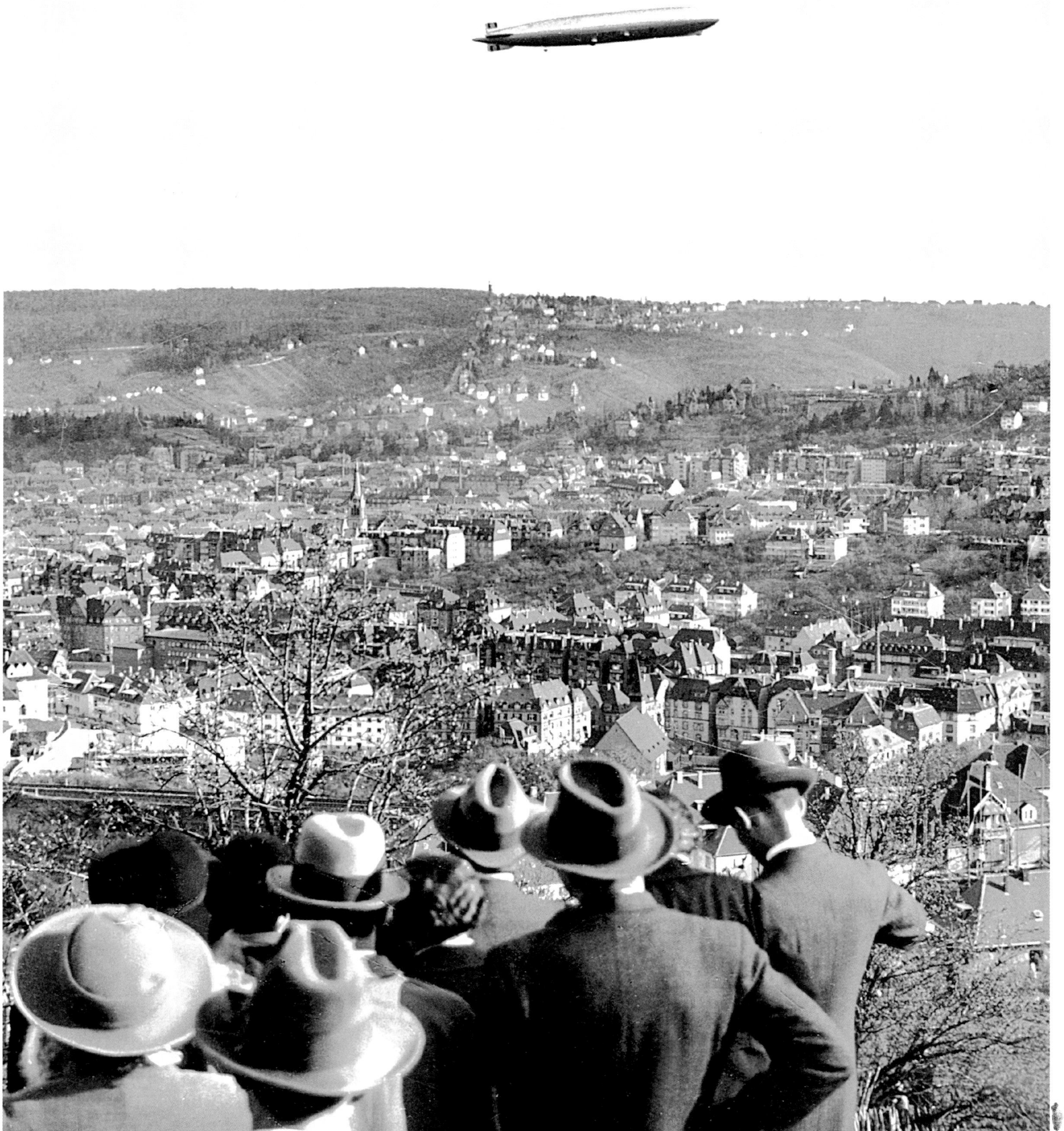

Links: Von der Karlshöhe beobachten Schaulustige den Überflug des Luftschiffs LZ 127 „Graf Zeppelin" über Heslach. Beim Überflug wurden Propagandaflugblätter abgeworfen. Sie warben für die „Reichstagswahl" am 29. März 1936. Es handelte sich dabei nicht um eine Wahl-, sondern um eine Propagandaveranstaltung, da es nur eine Liste der NSDAP gab. Die Wahl war auch nicht geheim, die Personen, die mit „Nein" stimmten oder nicht teilnahmen, konnten ermittelt werden. In Stuttgart wurden 314 438 Stimmen abgegeben, davon wählten 4 619 nicht die Nationalsozialisten. LZ 127 war das erste Linienluftschiff der Welt und flog am 18. Juni 1937 zum letzten Mal über die Stadt nach Frankfurt, dort wurde es dann abgewrackt. Später überflog der Nachfolger LZ 130 Stuttgart unter anderem zur Reichsgartenschau 1939. Nach der Katastrophe der „Hindenburg" in Lakehurst war das Zeitalter der Luftschiffe fürs Erste vorbei. Als Transportmittel und Werbeträger haben sie heute wieder Erfolg.

Oben: Im Winter war Schlittschuhlaufen auf dem Feuersee bei der Johanneskirche ein willkommener Freizeitausgleich im Stuttgarter Westen, der sonst kaum Grünflächen oder sonstige Freiflächen bietet. Der See wurde nach ersten Planungen von 1683 in Dreiecksform von 1701 bis 1707 für Löschzwecke angelegt. Gespeist wurde er zunächst aus Quellen des Nesenbachtales, später mit Wasser des Vogelsangbaches, der durch den Westen fließt. Mit dem Bau der Johanneskirche, die sich links außerhalb des Fotos befindet, wurde der See in seiner heutigen Form angelegt. Mit dem Bau der S-Bahnhaltestelle „Feuersee" wurde er verkleinert und mit einer Zugangstreppe versehen, die ihn heute von der Umgebung abschneidet.

Unten: Die Gäubahnstrecke wurde 1879 eröffnet. Vom Hauptbahnhof verläuft sie durch den 579 Meter langen Kriegsbergtunnel, auf dem 39 Meter hohen Bahndamm überquert sie das Vogelsangtal zum Westbahnhof unterhalb des Hasenbergs und führt durch den 258 Meter langen Hasenbergtunnel ins Gäu und von dort weiter bis nach Zürich. Lange Zeit war umstritten, ob der Abzweig nicht erst in Feuerbach erfolgen oder ein Bahnhof beim Feuersee eingerichtet werden sollte. Doch für den Westen war ein eigener Bahnhof sehr wichtig. Seit 1985 ist der Bahnhof allerdings außer Betrieb, da er durch die S-Bahn überflüssig geworden war. Wer „Glück" hat, kann dennoch ab und zu mit der S-Bahn auf der Gäubahnstrecke nach Vaihingen fahren, nämlich immer wenn der S-Bahntunnel blockiert ist. Doch mit dem Projekt Stuttgart 21 soll auch diese Gleisstrecke stillgelegt werden. Sie wird aber erhalten bleiben, da die Gleisanlagen als Kulturdenkmal eingetragen wurden.

Die Geschichte der Königstraße gliedert sich in zwei Abschnitte. Der Teil vom Schloßplatz bis zum Hauptbahnhof, die „untere" Königstraße, entstand per Dekret König Friedrichs I. zu Beginn des 19. Jahrhunderts. Der ältere Abschnitt, die „obere" Königstraße, trug früher die Bezeichnung Großer Graben. Auf seiner nordwestlichen Seite entstanden mit dem Ausbau der Vorstadt um die Hospitalkirche ab 1450 die ersten Häuser. Auf der südwestlichen Seite wurden erst Häuser gebaut, als in der zweiten Hälfte des 18. Jahrhunderts der Graben aufgefüllt wurde. In einem Gedicht von Eduard Paulus d. J. heißt es: „Königstraße, meine Wonne / O, was wär ich ohne dich/ Auf dein Pflaster scheint die Sonne/ Wenn es noch so winterlich. Schon seit zwanzig Jahren schreite/ Ich an deiner Sonnenseite/ Wurde niemals deiner satt/ Hauptpulsaderstrom der Stadt. [...] Wenn ich einst im Grabe ruhe/ Wird man geistweis meine Schuhe/ Einwärts, wie sie jetzt schon gehn/ Diese Straße wandeln sehn." Auf der linken Seite dieses Hauptpulsaderstromes ist das Kaufhaus Hermann Tietz in weihnachtlichem Lichterschmuck zu sehen. Das Kaufhaus stand an der Kreuzung zur Schulstraße, dort wo sich heute Karstadt befindet. Im Dritten Reich war das Geschäft, wie das Schocken-Kaufhaus, durch den Judenboykott betroffen. Schon am 10. März begannen die Aktionen von SA-Männern. Tränengasbomben, verschmierte Schaufenster, Filmaufnahmen von Käufern, Flugblätter mit Hetzparolen sollten die in jüdischem Besitz befindlichen Kaufhäuser zu Grunde richten. Hinzu kamen zahlreiche Schikanen durch neue Besteuerungen. Am Ende wurde auch das Kaufhaus Tietz „arisiert" und in „Union" umbenannt. Nach dem Krieg wurde es als „Hertie" wiederhergestellt und schließlich durch einen Neubau ersetzt.

Das älteste Gebäude in der Königstraße, das heute noch steht, ist das Stockgebäude zwischen Kiene- und Büchsenstraße. Die Fassade geht in ihrer heutigen Gestalt auf das Jahr 1838 zurück, doch der rechte Gebäudeteil ist weit älter. Es handelt sich dabei um einen Fruchtkasten aus dem Jahr 1578, er wurde beim Umbau durch Gottlob Georg Barth und Adam Friedrich Groß einfach in das neue Gebäude eingefügt. Der Neubau war für die gewachsene Verwaltung des Königreichs notwendig geworden und wurde daher auch als „Neue Kanzlei" bezeichnet. Im Zweiten Weltkrieg brannte das Amtsgebäude aus, wurde aber bis 1950 wiederhergestellt. In den 70er Jahren drohte ihm wie vielen anderen Gebäuden in Stuttgart der Abriss, doch auch diese Pläne überstand der älteste erhaltene Bau an der Straße. Wer heute bei Maute-Benger im Keller einkaufen geht, kann noch die Reste des ältesten Bauteiles bestaunen, den Weinkeller des Fruchtkastens. Der Name Stockgebäude geht auf ein Haus zurück, das auf der linken Seite des Areals stand. Im 16. Jahrhundert baute dort der württembergische Kanzler Volland ein Haus, doch durch seinen Tod kam es nie über den einen Stock hinaus. Erst nach 9 Jahren wurde das Haus fertig gebaut. Links neben dem „Stock" ist der Mittnachtbau zu erkennen, er wurde anstelle des Palais der Franziska von Hohenheim 1926 bis 1928 von Eisenlohr und Pfennig erbaut. Benannt ist der Bau nach Hermann von Mittnacht, der 1870 bis 1900 württembergischer Ministerpräsident war. Im zurückversetzten Turm war das Café Schwörer untergebracht, von dem man einen wunderbaren Blick über die Stadt hatte.

Oben: Das interessanteste Gebäude auf dieser Aufnahme der Königstraße ist das Haus am linken Bildrand. Das Gebäude stammte aus dem 16. Jahrhundert und diente dem Verleger Christoph Friedrich Cotta ab 1761 als Sitz der Hofbuchdruckerei. Berühmt geworden ist das Gebäude aber durch seinen Sohn Johann Friedrich, dem Verleger Schillers und Goethes. Ludwig Börne berichtet, man habe ihn vor dem Verleger gewarnt: „Es wäre noch keiner mit ihm fertig geworden. Er umschnüre seine Leute und suche sie in Abhängigkeit zu erhalten." Das Haus befand sich an der Königstraße, Ecke Kienestraße. Hier wurde 1808 der Steindruck in Stuttgart eingeführt und bis 1933 der Staatsanzeiger für Württemberg hergestellt. Elf Jahre später wurde es durch einen Luftangriff zerstört. Das dritte Gebäude von links war der „Große Bazar". Er wurde nach Plänen von Thouret 1838 als Geschäftshaus an Stelle des Zeughofs und der Hofküferei erbaut. Fünfzig Jahre später wurde er nach dem Zeitgeschmack historistisch umgestaltet. Im Zweiten Weltkrieg brannte das Gebäude aus, die Mauern wurden abgerissen und das Gebiet in kleinere Parzellen aufgeteilt. Im Hintergrund ragt der Turm des Hauptbahnhofs empor.

Seite 35 links: Das Alte Ständehaus befand sich an der Kronprinzenstraße, Ecke Kienestraße. Das Renaissancegebäude wurde von Herzog Ludwig durch Jakob Salzmann 1580 bis 1583 als Landschaftshaus erbaut. Die Landschaft, oder auch Stände, waren demokratische Vorläufer des heutigen Landtags. 1745 wurde die Fassade durch Johann Georg Bergmüller mit Fresken im Rokokostil neu gestaltet. Im Zentrum ist das württembergische Wappen zu sehen. Im 19. und 20. Jahrhundert wurde das Gebäude renoviert, bis es schließlich dem Luftkrieg zum Opfer fiel. Die Reste wurden 1957 abgerissen. Heute fährt man an seiner Stelle in eine Tiefgarage. Der Bereich von der Kienestraße bis zum Witwer wurde bis 1876 mit immer mehr Gebäuden für die Landschaft und später den Landtag bebaut. So tagte im Halbmondssaal des Landtages 1849 das „Rumpfparlament" der Frankfurter Paulskirche. Am 8. Juni 1933 kam der letzte württembergische Landtag auf diesem Gelände zusammen, die Sitzung war nur noch eine Farce, die KPD war ausgeschlossen und nur die SPD leistete Widerstand. Mit einem dreifachen „Sieg Heil!" wurde die Sitzung beendet, und die Demokratie durch die Nazis und die bürgerlichen

Parteien vernichtet. Heute erinnert nichts mehr an die Stätte parlamentarischer Tradition in Württemberg.

Seite 35 rechts: Die Synagoge wurde im Jahr 1861 durch Professor Breymann und Stadtbaurat Wolff für die israelitische Gemeinde Stuttgarts im orientalischen Stil an der Hospitalstraße erbaut. In der Nacht vom 9. November 1938 holte der Leiter des Propagandamtes in Stuttgart Adolf Mauer Vertreter der Partei, SA, Sicherheitsorgane und Feuerschutzpolizei zusammen und plante mit ihnen die Aktionen des als „Reichskristallnacht" bekannten Pogroms in Stuttgart. Um Mitternacht wurde die Gegend um die Synagoge von Männern in Zivil abgesperrt, um zwei Uhr brachen Vermummte in das Gemeindehaus der jüdischen Gemeinde ein. Das Tor zur Synagoge wurde aufgebrochen, Bänke aufgeschichtet und mit Benzin übergossen und dann angezündet. Um 3 Uhr stand die Synagoge in Flammen, und Stuttgarts oberster Feuerwehrmann fuhr nach Hause, um die Zivilkleidung gegen die Uniform zu tauschen. Von der Feuerwehr wurde daraufhin nur noch ein Übergreifen des Brandes verhindert. Zahlreiche jüdische Geschäfte wurden planmäßig überfallen, Schaufenster eingeworfen und Innenräume zerstört. Doch nicht nur „Kristall" wurde zerschlagen, auch zahlreiche Menschen wurden verhaftet und in Konzentrationslager und Gefängnisse verschleppt. Einige suchten einen Ausweg aus dieser Lage durch ihren erzwungenen „Freitod". So der 29-jährige Lehrer Felix David, der gemeinsam mit seiner Frau und zwei kleinen Kindern in den Tod ging. Ein paar Tage nach dem Pogrom waren alle jüdischen Geschäfte enteignet und die jüdischen Schüler vom Unterricht ausgeschlossen. Der NS-Kurier schrieb zu den Ereignissen: „Wer hätte gedacht, dass unsere Generation unvergeßliche geschichtliche Ereignisse verwirklichen würde? Unsere Nachkommen werden uns darum beneiden." Heute erhebt sich wieder eine Synagoge an der Stelle des zerstörten Baus, und erinnert uns wie das Denkmal am Alten Schloß mit den Worten Ernst Blochs an das Unrecht des Dritten Reichs: „1933 bis 1945. Verfemt, verstoßen, gemartert, erschlagen, erhängt, vergast. Millionen Opfer der nationalsozialistischen Gewaltherrschaft beschwören Dich: Niemals wieder!"

Links: Die Hospitalkirche gehörte zum Komplex eines Dominikanerklosters, das im 15. Jahrhundert gegründet wurde. Es bestand aus Kirche, Kreuzgang, Wohn- und Wirtschaftsgebäuden im Bereich zwischen Hospital-, Büchsen-, Firnhaber- und Gymnasiumstraße. Nach der Reformation war hier das Bürgerspital untergebracht. Im Dritten Reich erlangte das ehemalige Kloster traurige Berühmtheit als „Büchsenschmiere". Von diesem Gefängnis aus wurden die ersten Juden 1938 deportiert. Von dem Klostergebäuden steht heute nur noch die südliche Seitenwand des Kirchenschiffes sowie der Chor und der Turm. Die Kirche wurde 1960 nur reduziert wiederaufgebaut, da für das Büroviertel eine kleinere Kirche nach dem Krieg ausreichte.

Rechts oben: Auf dieser Aufnahme ist der Innenraum der 1471 von Aberlin Jörg begonnenen Hallenkirche im Jahr 1930 zu sehen. Im Jahr 1905 wurde die Kirche renoviert und neu gestaltet, dabei wurde die Kreuzigungsgruppe von Hans Seyffer, die bis dahin vor dem Chor der Leonhardskirche stand, in das Mittelschiff der Hospitalkirche versetzt. Die Figuren Marias und Johannes waren in einem Nebenraum untergebracht. Die Gruppe war 1501 als Stiftung des Jakob Walther und seiner Frau Klara hergestellt worden und überstand die Zerstörung der Kirche. Im linken Seitenschiff ist das Gipsmodell der Christusstatue von Dannecker zu sehen, die er 1834 in Erinnerung an seine Konfirmation gestiftet hatte.

Rechts unten: Ein wichtiger Bestandteil eines Klosters waren auch die Wirtschaftsgebäude. Auf dieser Aufnahme von 1938 sind die Scheuern in der Gymnasiumstraße, Ecke Hohe Straße zu sehen. Sie sollten eigentlich abgerissen werden, doch dies geschah erst nach der Zerstörung im Krieg.

37

Oben: Das Büchsenbad befand sich an der Ecke Büchsen-Schloßstraße, dort wo heute die Liederhalle steht. Es war 1889 als erstes öffentliches Hallenbad durch Wittmann und Stahl erbaut worden. Die Initiative war vom Geheimen Hofrat Leo Vetter ausgegangen, der eine Badegelegenheit für die breite Masse zu günstigen Preisen bieten wollte. Die meisten Haushalte hatten damals kein Bad, so dass es neben dem Schwimmbad auch Wannenbäder gab. 1893 wurde es im maurischen Stil ausgebaut und um ein Frauenschwimmbecken, das hier zu sehen ist, erweitert. Ein Besucher des Bades schrieb: „Welch wohltuende feuchtwarme Atmosphäre umfing den Eintretenden, wenn er das im maurischen Stil gehaltene Hauptportal durchschreitend sich in die von Wohlgerüchen aller Art erfüllte große Schwimmhalle begab." Wer genug Geld hatte, konnte sich auch ein römisch-irisches oder russisches Bad leisten. Neben dem Schwimmbad befand sich die alte Liederhalle. Beide Gebäude wurden im Zweiten Weltkrieg zerstört und nur die Konzerthalle wiederaufgebaut.

Seite 39 oben: Heute befindet sich das Eberhard-Ludwigs-Gymnasium, Stuttgarts ältestes Gymnasium, am Herdweg, doch vor 1945 stand das Schulgebäude an der Holzgartenstraße. Dort steht heute das Max-Kade-Haus und die Mensa der Universität. Nachdem das alte Schulhaus von 1686 in der Gymnasiumstraße trotz Erweiterungen zu klein geworden war, wurde 1903 durch Baurat Gebhardt dieser Neorenaissancebau erstellt. Schüler des Gymnasiums waren Hegel, Wilhelm Hauff, Georg Herwegh, Gustav Schwab, Berthold Auerbach und Gustav Siegle. Aber auch Konstantin von Neurath, im Dritten Reich Außenminister bis 1938, sowie Oberst Claus Graf Schenk von Stauffenberg, der am 20. Juli 1944 das Attentat auf Hitler verübte, drückten hier die Schulbank. Die Schulzeit im Dritten Reich war geprägt von der Ideologie der Nationalsozialisten, so wurden am 1. November 1933 drei jüdische Schüler „zur Entgiftung der politischen Atmosphäre" der Schule verwiesen. Das Gebäude am ehemaligen Skagerrakplatz wurde wie alle Gebäude in diesem Gebiet durch Luftangriffe zerstört.

Seite 39 Mitte: Das Katharinen-Hospital an der Kriegsbergstraße wurde im Jahr 1828 zum Gedenken an die verstorbene Königin Katharina mit 260 Betten durch Thouret erbaut. Die Anregung zu dieser Gründung war noch von der Königin ausgegangen. Zahlreiche Gebäude wurden bis zum Ende des 19. Jahrhunderts für das Hospital neu erbaut. Mit der Zunahme der Bevölkerung Stuttgarts musste auch die medizinische Versorgung verbessert werden. Im September 1944 wurden die Klinikanlagen schwer getroffen, zu diesem Zeitpunkt war aber ein Großteil der Patienten schon ausgelagert. Von 1955 bis 1968 wurde der Krankenhauskomplex wieder neu aufgebaut. In den letzten Jahren wurde der Innenhof des Hauptbaus, der sich am historischen Vorbild orientiert hatte, überdacht und das Gebäude neu gestaltet. Die meterhohen Eukalyptuspflanzen in diesem Eingangsbereich sind Teil einer interessanten Innenraumgestaltung. Es lohnt sich diesen Eingangsbereich anzuschauen, auch wenn man nicht krank ist!

Seite 39 unten: Der Stadtgarten wurde im Bereich des Unteren Sees, der im 18. Jahrhundert verlandete, 1870 angelegt. Bis 1921 wurde er durch eine private Gesellschaft betrieben, danach ging er in den Besitz der Stadt über. 1913 wurden ein Musikpavillon sowie Restaurationsgebäude neu errichtet. Im Stadtgarten traten auch renommierte Künstler auf wie Joachim Ringelnatz, der seine Gedichte vortrug. Das Stuttgarter Neue Tagblatt berichtete 1928: „Seine Vorträge [...] gaben keinen Grund zu sittlicher Entrüstung. Ringelnatz blieb durchaus im Rahmen. [...] Alles klingt improvisiert, so, als ob ihm die Verse jetzt erst eingefallen wären." Ein paar Jahre später wurden seine Auftritte planmäßig durch die Nationalsozialisten gestört, nach der Machtergreifung erhielt er Auftrittsverbot. Die großen Zeiten des Kabaretts und Varietés gingen in Stuttgart dem Ende entgegen. In seiner heutigen Form entstand die Gartenanlage 1976, nachdem der historische Bestand im Zweiten Weltkrieg schwer zerstört wurde. Der Baukörper in der Mitte des Bildes ist die Technische Hochschule, der Vorläufer der heutigen Universität. Der Bauteil ist der Erweiterungsbau von 1879, der durch Alexander Tritschler erstellt wurde. Nur dieser Gebäudeteil überstand den Zweiten Weltkrieg. Es wurde 1951 von Richard Döcker im Stil der Zeit erneuert. Der Eingang, der ursprünglich zum Stadtgarten hin lag, wurde an die Schmalseiten verlegt, und Figuren des Gebäudes im Stadtgarten aufgestellt. Heute ist dort das Rektorat der Universität Stuttgart untergebracht.

Der Schloßplatz mit dem Königsbau auf der linken Seite entwickelte sich zu dem zentralen Platz in Stuttgart, ob Sonnenfinsternis wie 1999 oder Kaisermanöver vor 990 Jahren, immer wird dieser Teil der Stadt besonders herausgeputzt. Aus Anlass der Manöver an der württembergisch-bayerischen Grenze bei Bad Mergentheim besuchte das Kaiserpaar die Stadt vom 6. bis 7. September 1909. Die so genannten „Stuttgarter Kaisertage" bestanden unter anderem aus einem Empfang im Rathaus und einer Truppenparade auf dem Cannstatter Wasen. Der Geschäftsbau am Schloßplatz wurde 1855 bis 1859 von Christian Leins und Johann Michael Knapp im Auftrag König Wilhelms I. errichtet. Das Gebäude hatte einen Festsaal und die erste Ladenpassage Stuttgarts. Am 26. Juli 1944 brannte der Bau aus. Beim Wiederaufbau wurden die Festsäle in Büros und weitere Läden umgewandelt. Das Gebäude rechts am Beginn der Königstraße ist der Olgabau, der für die Herzogin Wera als Stadtwohnung errichtet wurde. Darin befanden sich Geschäftsräume und ein berühmtes Café. Heute steht an dieser Stelle der neue Olgabau der Dresdner Bank von Paul Schmitthenner. Auf der linken Seite gegenüber, mit dem Adler als Dekoration, ist der Marquardtbau zu erkennen, 1896 von Eisenlohr und Weigle im Neorenaissancestil erbaut.

„Anständig, frei und breit" beschrieb ihn Goethe bei seinem Besuch 1797. Und immer noch ist der Schloßplatz eine der schönsten Platzanlagen Stuttgarts. Ob bei Kirchentagen oder Sommerfesten, hier befindet sich das Zentrum der Stadt. Zur Zeit Goethes war der Platz allerdings noch nicht als Gartenanlage gestaltet, sondern diente den Soldaten als Exerzier- und Paradeplatz. Erst zwischen 1860 und 1865 wurde er nach Plänen des Hofgartendirektors und Schriftstellers Friedrich Wilhelm Hackländers und des Architekten Carl Friedrich Leins umgestaltet. Immer wieder wurde die Anlage verändert, zuletzt 1977 zur Bundesgartenschau durch das Architekturbüro Behnisch und Partner. Im Zentrum der Anlage steht die Jubiläumssäule von Hofbaumeister Johann Michael von Knapp. Am 28. September 1841 wurde aus Anlass des 60. Geburtstages und 25-jährigen Regierungsjubiläums König Wilhelms I. eine 25 Meter hohe hölzerne Säule aufgestellt. Ein Jahr später wurde begonnen, sie im Auftrag der Stände Württembergs durch die heute noch erhaltene Granitsäule zu ersetzen. Die Säule mit Darstellungen aus dem Leben des Königs am Sockel wurde 1846 fertiggestellt. Erst 1863 erhielt die Säule ihren Abschluss in der 5 Meter hohen Figur der „Concordia" von Ludwig von Hofer. Hinter der Säule ist der Musikpavillon zu erkennen, der heute an der Königstraße aufgestellt ist. Im Zweiten Weltkrieg hatte der NS-Kurier vorgeschlagen den Pavillon mit den Brunnen der „Metallspende" zuzuführen. Im Gegensatz zu vielen anderen Kunstdenkmälern in der Stadt ist den Brunnen von Leins aus dem Jahr 1861 und dem Pavillon von 1871 aber dieses Schicksal erspart geblieben. Wenn man heute im Sommer auf den Grünflächen des Platzes liegt oder in einem der Cafés am Rande sitzt, dann kommt man sich vor wie im Urlaub!

Bauherr des Neuen Schlosses war Herzog Carl Eugen, der nach der Verlagerung der Residenz von Ludwigsburg nach Stuttgart einen repräsentativen Schlossbau wünschte. Leopold Retti wurde mit den Planungen beauftragte. Dieser plante eine Rokokoanlage nach französischem Vorbild. Der Bau zog sich jedoch in die Länge, erst Nikolaus Thouret schloss den Bau 1807 mit dem Innenausbau ab. Durch die lange Bauzeit reichten die Stilarten des Schlosses vom Rokoko bis zum Empire. 1944 brannte das Schloss völlig aus, und sollte nach dem Krieg abgerissen werden. Die Bürgerinitiative „Rettet das Neue Schloss" sammelte Unterschriften und setzte damit den Wiederaufbau, der 1958 bis 1964 erfolgte, durch. Teile des originalen Innenausbaus sind heute noch erhalten, so die Paraderäume im Corps de Logis und der Weiße Saal im Stadtflügel. Der Demokrat Ludwig Börne berichtete über seinen Besuch im Schloss: „Anderthalb Stunden bin ich durch Zimmer gelaufen. [...] Meine Faust war geballt. Der Kastellan dachte, es wäre Trinkgeld darin; aber nichts war darin eingeschlossen als mein Grimm gegen alle Fürsten, Großen und Überreichen. [...] Ein Bett für Napoleon verfertigt, worin er eine einzige Nacht geschlafen, musste nach meiner Schätzung 4 000 Gulden gekostet haben."

Auf der Aufnahme ist der Festzug zum 100. Todestag von Schiller 1905 zu sehen. Von seinen 46 Lebensjahren verbrachte der Dichter zwar nur 10 Jahre in Stuttgart, das er 1782 fluchtartig verließ. Dennoch mauserte sich Stuttgart im Laufe der Zeit zu einer Schillerstadt. Hier wurde das erste bedeutende Schillerdenkmal aufgestellt, hier gab es bis zum Zweiten Weltkrieg sieben Denkmäler und Gedenktafeln. Ein Höhepunkt dieses bürgerlichen Kults war natürlich auch der hundertste Todestag, der mit zahlreichen Feierlichkeiten und dem großen Festumzug begangen wurde.

Schon in der Renaissance besaß die Residenz eine berühmte Gartenanlage. Im Zuge der Verlegung der Residenz nach Ludwigsburg verfiel sie aber zusehends. Erst 1807 wurde eine Neuplanung der Anlagen durch Nikolaus von Thouret vorgenommen. Im Oktober 1808 wurden der Landschaftsgarten von König Friedrich der Öffentlichkeit übergeben. Besonders auffällig war die axiale Anlage, die eher an einen Barockgarten erinnerte. Immer wieder mussten die Grünflächen Verluste hinnehmen, so durch den Bau der Eisenbahn, das Große und das Kleine Haus und durch Straßenbauten. Hinter dem ovalen Theatersee, auf den das Große Haus hin ausgerichtet war, ist die Nymphengruppe zu sehen. Sie wurde 1809 nach einem Entwurf von Dannecker durch seinen Schüler Distelbarth in Keupersandstein ausgeführt. 1815 wurde sie in den Anlagen aufgestellt, nachdem der See 1838 verändert wurde, kam sie an diesen Standort. 1924 wurde sie durch eine Marmorausführung von Adolf Fremd und Bildhauer Fanghänel ersetzt, die 1944 zerstört wurde. Hinter ihr befand sich der Rosengarten, der seit 1866 als königlicher Privatgarten angelegt worden war. Im Zuge dieser Abtrennung wurde auch die Schoßgartenstraße angelegt, die von der Neckarstraße zur heutigen Stauffenbergstraße führte. Im Dritten Reich wurde die Straße in Horst-Wessel-Straße umbenannt. Im Vordergrund des Bildes sind Marmorkopien von Ludwig von Hofer zu sehen, die hier 1844 aufgestellt wurden. Links ist die Diana von Gabii zu erkennen. Für die Bundesgartenschau 1961 wurden die Oberen Anlagen nach Plänen des Stuttgarter Gartenbauamtes neu gestaltet. Im ehemaligen königliche Privatgarten wurde ein geometrischer Rosengarten angelegt, der ovale See durch den größeren Acht-Ecken-See ersetzt.

Oben: Hinter dem Neuen Schloss sind hier die Bauten der ehemaligen Hohen Carlsschule zu sehen. 1745 als Kavalleriekaserne von Leger erbaut, wurde die von Herzog Carl Eugen gegründete Schule 1775 als Militärakademie dorthin verlegt und 1781 in den Rang einer Universität erhoben. Sie war für die damalige Zeit eine sehr moderne Hochschule, die dem aufgeklärten Reformgedanken verpflichtet war; nicht Herkunft, sondern Leistung zählte. Moderne Unterrichtsfächer ergänzten einen traditionellen Lehrplan. Herzog Ludwig Eugen löste nach dem Tod Carl Eugens 1793 die Akademie trotzdem auf.

Im Dritten Reich hatte die Akademie die Adresse „Adolf-Hitler-Straße 1", dort war die kasernierte Polizei untergebracht, deren Fahrzeuge auf dem Foto im Innenhof zu sehen sind. Am 16. Juli 1933 wurden hier zum Beispiel die Mitglieder des Botnanger Arbeitergesangvereins „Freiheit", die auf einem Sonntagsausflug waren, festgehalten. Die aktiven Mitglieder wurden sofort in das KZ auf dem Heuberg verschleppt.

Rechts: Auch die königliche Hofbibliothek war in den Räumlichkeiten der Akademie untergebracht. Der Raum auf dem Bild war im Zusammenhang mit dem Ausbau der Gebäude zur Akademie 1775 von Rheinhard Fischer als Speisesaal des Herzogs gestaltet worden. Wegen der Innenarchitektur wurde er auch als „Tempelchen" bezeichnet. Bis ins Dritte Reich waren hier wertvolle Bücher untergebracht, 1940 wurden die Bestände der Landesbibliothek eingegliedert. Der Großteil der Bestände wurde durch die Luftangriffe vernichtet. Im März 1944 brannte die Akademie bis auf das Erdgeschoss nieder, im September wurde auch noch der Festsaal getroffen. Die Überreste wurden 1959, im Jahr der Feiern zum 200. Geburtstag Schillers, der Stadtautobahn geopfert. Heute erinnert nur noch der Brunnen im Akademiegarten an die Hochschule.

Auf der Aufnahme ist der Hafenmarkt vor dem ehemaligen Waisenhaus zu sehen. Das Gebäude wurde als erste Kaserne Stuttgarts 1705 begonnen. Ab 1712 diente es als Waisenhaus, die uniformierten Zöglinge wurden mit Schlägen und wenig Essen „erzogen". 1922 wurde das Waisenhaus nach Ellwangen verlegt und die Gebäude bis 1924 durch Schmitthenner umgebaut. Nun wurde dort das Deutsche Auslands-Institut, das heutige Institut für Auslandsbeziehungen, und der Süddeutsche Rundfunk untergebracht. Im Dritten Reich wurden beide Organisationen im Gebäude, am nun Danziger Freiheit benannten Platz, von den Nazis übernommen und instrumentalisiert. Der Markt auf dem Foto hat eine lange Tradition in Stuttgart, früher war der „Häfelesmarkt" in der Eberhardstraße, bevor er am Charlottenplatz stattfand.

Oben: Der Ursprung des Hauptstaatsarchivs geht auf das 15. Jahrhundert zurück, damals wurde es unter den Herzögen Eberhard im Bart und Ulrich eingerichtet. Unter Herzog Christoph wurde die Urkunden im so genannten Archivbau des Alten Schlosses am heutigen Karlsplatz untergebracht. Im Dreißigjährigen Krieg wurden Teile des Bestandes nach Wien, Innsbruck und München verschleppt. In weiteren Kriegen wurde daher das Archiv häufiger in Sicherheit gebracht. Nachdem Württemberg Königreich geworden war, mussten die Akten und Urkunden der neu gewonnenen Gebiete und Herrschaften zusätzlich untergebracht werden. Unter König Friedrich wurde daher mit dem Neubau an der damaligen Neckarstraße 1822 begonnen. 1826 bezog das Staatsarchiv das Erdgeschoss, während das Naturalienkabinett den ersten und zweiten Stock bis 1837 bezog. Dieses Naturkundemuseum entstand 1791, nachdem die Sammlung aus der herzoglichen Kunstkammer ausgeschieden wurde. Aus dieser Sammlung entstand dann das Staatliche Museum für Naturkunde am Rosenstein. Im Zweiten Weltkrieg wurde das Gebäude stark beschädigt, die Bestände waren aber rechtzeitig ausgelagert worden. Bis 1969 wurde dann der heutige Neubau des Hauptstaatsarchivs neben dem Wilhelmspalais fertiggestellt, in dem heute die Geschichte des Landesteils Württemberg aufbewahrt wird.

Seite 46 unten: Die sogenannte „Kulturmeile" an der heutigen Konrad-Adenauer-Straße ist schon zu Beginn des 19. Jahrhunderts geplant worden und nicht erst eine Erfindung unserer Zeit. Neben dem Archiv befand sich seit 1883 der Bau der Landesbibliothek. Das Gebäude von Oberbaurat Landauer wurde mit Mitteln aus der französischen Kriegsentschädigung erbaut. 1765 wurde die Bibliothek in Ludwigsburg zunächst als „Herzogliche Bibliothek zur Beförderung der Wissenschaften" gegründet. Die Bibliothek wurde 1777 in das Herrenhaus am Stuttgarter Marktplatz überführt. Dort benutzte Hegel sie eifrig. „Das Buch, das man begehrt, schreibt man nächst dem Namen auf ein Papier und gibt es dem Bedienten, der einem das Buch überbringt." An dieser Benützungstechnik hat erst das Computerzeitalter etwas geändert, heute kann man die Bücher schon von zu Hause aus bestellen, wenn man vernetzt ist. Ab 1820 war sie im Invalidenhaus untergebracht, das sich vor dem späteren Gebäude der Bibliothek befand und 1886 abgerissen wurde. Bis Anfang April 1944 hatte die Bibliothek ein Drittel ihrer Bestände verlagert, der Rest war im Erdgeschoss in besonders gesicherten Räumen untergebracht, der Leihverkehr ging eingeschränkt weiter. Das Gebäude wurde vor allem bei dem Angriff vom 12. September 1944 zerstört, dabei gingen über 500 000 Bände verloren. Nach 1967 wurde die Ruine abgebrochen und 1970 das neue Gebäude bezogen.

Oben: Der seit 1811 Neckarstraße benannte Verkehrsweg wurde im Rahmen des Residenzbauplans von Thouret als Prachtstraße ausgebaut. Um 1840 wurde die Schönheit dieser Straße gerühmt. Heute ist von dieser Pracht kaum noch etwas übrig, Luftkrieg und Wiederaufbau zerstörten die meisten Gebäude. Staatsarchiv, Landesbibliothek, Münze und Akademie sind nur einige Beispiele. Nur noch die Staatsgalerie und das Wilhelmspalais erinnern daran. Auf dem Foto sind die Gebäude Neckarstraße 5 und 7 zu sehen. Das linke Haus wurde 1844 bis 1846 von Hofbaumeister Gaab erbaut und diente später mit dem Gebäude daneben als russische Botschaft. Die Häuser befanden sich vor dem heutigen Kulissenbau der Staatstheater. Dort, wo noch vor dem Krieg Häuser standen, braust heute der Verkehr auf der Stadtautobahn, die neue Grenzen geschaffen hat. Erst der Bau der Neuen Staatsgalerie führte zu Überlegungen, diese Mauer aus Blech wieder zu überbrücken.

Die Festzüge zum Volksfest wurden früher nicht regelmäßig durchgeführt. Nach dem Ersten Weltkrieg wurde erst 1927 wieder ein Umzug durchgeführt. Das 100. Volksfest von 1935 wurde wie andere Feierlichkeiten von den Nationalsozialisten zu Propagandazwecken benutzt. Die Fruchtsäule war von einem Hakenkreuz bekrönt. Tausende säumten die Straßen, als der Festzug von der Rotebühlkaserne aus über die Königsstraße und die Neckarstraße nach Cannstatt zog. Zum Festprogramm gehörten in diesem Jahr auch Vorführungen des Heeres und der Luftwaffe. Vier Jahre später wurde aus diesen Vorführungen bitterer Ernst. Auf dieser Aufnahme ist im Hintergrund links die alte Münze an der Kreuzung Neckarstraße und Schillerstraße zu sehen. Die älteste nachgewiesene Münze in der Stadt befand sich wohl ab 1374 in der Engen Straße, seit 1450 befand sie sich in der Turmstraße, danach im 18. Jahrhundert am Dorotheenplatz, und gab dort der Münzgasse den Namen. 1844 wurde sie in das von Adam Friedrich Groß gebaute Gebäude an der Neckarstraße gegenüber der Staatsgalerie verlegt. Das Gebäude am rechten Bildrand erbaute sich Carl Friedrich Leins 1854. Nur vier Jahre später verkaufte er es an König Wilhelm I., der es seinem Schwiegersohn Prinz Hermann zu Sachsen-Weimar zuwies. Das Gebäude wurde nun als „Palais Weimar" bekannt. Der beliebte Prinz war 25 Jahre lang Aufsichtsratsvorsitzender der Stuttgarter Straßenbahnen, deren erste Linie direkt am Palais vorbeiführte.

Die Akademie der Bildenden Künste geht auf die Kunstschule zurück, die Mitte des 19. Jahrhunderts gegründet wurde. Im Jahr 1889 bezog sie das Gebäude in der Urbanstraße und wurde ab 1901 als Akademie der Bildenden Künste bezeichnet. Ab 1905 war hier Adolf Hoelzel tätig, der einen bedeutenden Kreis von Schülern wie Ida Kerkovius, Johannes Itten, Oskar Schlemmer und Willi Baumeister um sich scharte und ausbildete. Viele seiner Schüler wurden aufgrund ihrer Kunstauffassung von den Nationalsozialisten verfolgt. Im Jahr 1941 wurde die Akademie mit der Kunstgewerbeschule am Weißenhof zur Staatlichen Akademie der Bildenden Künste unter der Leitung von Fritz von Graevenitz zusammengefasst. Die beiden Vorgänger blieben jedoch in der alten Form bestehen. 1944 wurde die Akademie ebenso wie die gegenüberliegende Musikhochschule zerstört. Heute befindet sich die Neue Staatsgalerie an dieser Stelle.

Auf dieser Aufnahme ist die gutbürgerliche Hangbebauung an den Staffeln gut zu erkennen. Diese Bebauung hier oberhalb der Neckarstraße ist noch recht dicht, erst später baute man etwas aufgelockerter. Die historischen Gebäude wurden leider meist nach dem Krieg, sofern sie erhalten waren, ohne den pittoresken Schmuck der Giebel und Türmchen wiederhergestellt. Die Staffeln in Stuttgart haben ihren Vorläufer in den Verbindungstreppen zwischen den Weinbergen. Die erste „Stäffelesfurch" ist 1304 urkundlich unterhalb der Gänsheide nachweisbar. Teilweise stellten sie auch die direkte Verbindung zu den umliegenden Dörfern her, wie zum Beispiel über den Kriegsberg nach Feuerbach. Durch die zahlreichen Treppenfluchten in den Hängen der Stadt erhielten die Stuttgarter ihren Spitznamen „Stäffelesrutscher". Helmut Heißenbüttel beschrieb die Stadt in einem Gedicht daher auch als „Stadtlandschaftstreppenarchitektur".

Für den Neubau der Staatstheater gab es verschiedene Überlegungen. Der Platz des Waisenhauses, in der Achse zum Gartenbau des Neuen Schlosses an der Schillerstraße und im Botanischen Garten an der Neckarstraße. Vom Hof wurde der Entwurf von Max Littmann bevorzugt, die städtischen Gremien wollten eher den Renaissance-Entwurf von Fischer verwirklicht sehen, der eher bürgerliche Repräsentation widerspiegelte. Max Littmann hat schließlich das Konzept des Doppeltheaters mit Großem Haus als Opernhaus und Kleinem Haus als Schauspielhaus und gemeinsamen Versorgungsbauten entwickelt und 1912 fertiggestellt. Der Stil, der sich an antiken Vorbildern orientierte, präsentiert die Bauten als „Kunsttempel". Dabei drückt das kleine Haus mit seiner schlichteren Gestaltung den Bildungsanspruch des Theaters aus. Das Große Haus hebt mit der geschwungenen und durch Figuren geschmückten Fassade das repräsentative und vergnügliche Element der Oper hervor. Beide Theater wurden als Rangtheater erbaut, was mehr Platz für Besucher bot und durch Logen der höfischen Etikette entsprach, aber nicht der modernen Theaterauffassung. Mit der Machtergreifung und Gleichschaltung der Häuser ging eine Zeit erfolgreicher Kulturarbeit zu Ende. Die „Landestheater" wurden nun in „Staatstheater" umbenannt, der Generalintendant Albert Kehm wurde entlassen, zahlreiche jüdische Künstler wurden vertrieben. Am 1. September 1944 wurde der Theaterbetrieb in Stuttgart beendet. Das Große Haus überstand den Krieg unbeschädigt. Der hintere Teil des Kleinen Hauses wurde im Februar 1944 zerstört, die Fassade vorne am 26. Juli 1944 durch eine Sprengbombe vernichtet, der Rest brannte beim Angriff vom 12. September vollends aus. 1969 wurde daher von Hans Volkart ein oktogonaler Neubau errichtet, das ursprüngliche Doppeltheater gehörte damit der Vergangenheit an.

Der Neubau der Theater war notwendig geworden, da am Schloßplatz das alte Hoftheater am 20. Januar 1902 nach einem Kurzschluss ausgebrannt war. Die letzte Aufführung waren die Meistersinger von Wagner. An dieser Stelle war 1575 bis 1593 ein Schmuckstück der deutschen Renaissance erbaut worden. Das Neue Lusthaus war auf Befehl Herzog Ludwigs durch Georg Beer, Jakob Salzmann und Heinrich Schickhardt geplant worden. 1750 und 1758 wurde das Gebäude zu einem barocken Opernhaus umgebaut, die äußere Gestalt wurde schließlich beim Umbau 1811 unter König Friedrich stark verändert. 1845 wurde das Theater noch einmal umgebaut, dabei wurden wieder Teile des Renaissancegebäudes vernichtet. Schließlich endete die Geschichte des Hauses mit seinem Brand, die Reste des Renaissancebaus sind heute noch in den oberen Anlagen und im städtischen Lapidarium zu sehen.

Heute steht an der Stelle des Lusthauses und Hoftheaters das Kunstgebäude. Es wurde von 1909 bis 1913 von Theodor Fischer in klarer Formensprache geschaffen. Die kupfergedeckte Kuppel, die das Gebäude mit Oberlicht versorgt, wird auch heute noch durch eine Plastik des württembergischen Wappentiers bekrönt, dem „Goldenen Hirsch" von Ludwig Habich. Im März 1933 wurde die Ausstellung von Werken Oskar Schlemmers durch die Nationalsozialisten verhindert, den sie als „Kulturbolschewist" diffamierten, ein Jahr später wurde er von der Kunstgewerbeschule entfernt. Das Kunstgebäude wurde am 21. Februar durch eine Sprengbombe in Trümmer gelegt. Beim Neuaufbau 1956 bis 1961 durch Paul Bonatz und Günter Wilhelm wurde das Gebäude entscheidend verändert. 1961 wurde das Gebäude mit einer Ausstellung Adolf Hoelzels und seiner Schüler, die im Dritten Reich zu den verfemten Künstlern gehört hatten, wieder eröffnet.

Oben: In der Bildmitte ist das Gebäude des Industriehofs zwischen Lautenschlagerstraße und Friedrichstraße zu sehen. Das Haus wurde von der Beteiligungsgesellschaft Industriehof AG für Verwaltungseinrichtungen der Stadt 1936 bis 1937 erbaut, nach der Kriegszerstörung wurde es wieder aufgebaut. Es zählt zu den Bauten in Stuttgart die im nationalsozialistischen Geist ausgeführt wurden. Durch die funktionalistische Gestaltung der Bauten sollte sich der Einzelne seiner Bedeutungslosigkeit bewusst werden. Die Gleichförmigkeit sollte die Bedeutung der „Volksgemeinschaft" widerspiegeln. Nur die beiden Plastiken an den Ecken lockern das Bild zu Gunsten einer programmatischen Botschaft auf. Links ist das „Symbol der Arbeit" von Emil Kiemlen, rechts die „Drei Lebensalter im glücklichen Schiff" zu sehen. Man kann hier auch von „beherrschenden Plastiken" sprechen. Im Dritten Reich begannen auch umfassende Planungen zum Ausbau Stuttgarts als „Stadt der Auslandsdeutschen und Gauhauptstadt". Monumentale Bauten, wie auf der Uhlandshöhe das Gauforum, auf der Karlshöhe der Reichssender Stuttgart und das Wehrbereichskommando auf dem Weißenhof, sollten erbaut werden. Unter anderem sollte das Bohnenviertel abgerissen werden. Uniforme Bauten wie an der Lautenschlagerstraße sollten das Stadtbild bestimmen. Dazu kam es durch die Zerstörungen des Weltkriegs nicht mehr. Doch wurden die Pläne von denen nach dem Krieg weitergeführt, die auch schon an der nationalsozialistischen Planung führend beteiligt waren, so zum Beispiel Paul Bonatz und Wilhelm Tiedje. Nur wurde das Ringstraßensystem nun nach dem Krieg nicht mehr an der Herrschaftsarchitektur der Nazis ausgerichtet, sondern am Autoverkehr.

Unten: Auf der Aufnahme ist die untere Königstraße mit Blick auf den Hauptbahnhof zu sehen. Der Bau wurde notwendig, nachdem der Alte Bahnhof an der heutigen Bolzstraße das Verkehrsaufkommen nicht mehr bewältigen konnte. 1914 bis 1928 wurde der Entwurf mit dem Titel „umbilicus sueviae", der Nabel Schwabens, von Paul Bonatz und Friedrich Scholer umgesetzt. In seiner schlichten Ausführung wirkte er in einer Zeit, die noch vom Historismus geprägt war, geradezu revolutionär. Von kubischen Elementen geprägt wurde er als Stadttor für ein modernes Stuttgart gestaltet. Im Zweiten Weltkrieg war der Verkehrsknotenpunkt ein wichtiges Angriffsziel der Alliierten, so brannten die hölzernen Bahnsteigüberdachungen ab und die Gebäude wurden durch Sprengbomben zerstört. Am Wiederaufbau beteiligte sich wieder Paul Bonatz, bis 1960 waren die Schäden schließlich behoben. Im 56 Meter hohen Turm ist heute eine Ausstellung zum Projekt „Stuttgart 21" untergebracht. Der Kopfbahnhof wird in den nächsten Jahren im Zuge dieser Planungen durch einen unterirdischen Durchgangsbahnhof ersetzt. Nur die zentralen Gebäude des Bahnhofs werden erhalten bleiben. Der Mercedes-Stern auf dem Bahnhofsturm wurde erst 1952 an der Stelle des Flaggenmastes angebracht. Mit den Einnahmen dieser Werbemaßnahme wurde der ausgebrannte Turm wiederhergerichtet. Im Jahr 1972 wurde der erste „Gute Stern" Stuttgarts durch einen größeren ersetzt, der fünf Meter Durchmesser hat und zehn Meter hoch ist. Die Straße auf dem Foto ist für das Deutsche Turnfest geschmückt, über dem provisorischen Tor prangt das Monogramm der Turnerbewegung. Zahlreiche Hakenkreuzflaggen bezeugen die rasche Akzeptanz des Nationalsozialismus nach der Machtergreifung.

Oben: Am rechten Bildrand ist der Zeppelinbau zu erkennen. Er wurde von den Architekten des Bahnhofs 1929 bis 1931 errichtet und 1956 nach Plänen von Paul Bonatz erweitert. In seiner geschlossenen Bauform greift er Elemente des Neuen Bauens auf und bildet ein Pendant zum gegenüberliegenden Bahnhof. 1998 wurde eine grundlegende Sanierung beendet, die vor allem die Innenhöfe nach außen geöffnet hat, und den Bau mit neuem Leben erfüllen soll. In der Bildmitte ist der Hindenburgbau zusehen, der 1928 nach Plänen von Paul Schmohl u.a. in neoklassizistischem Stil fertiggestellt wurde. Mit seinen Arkaden bildet er ein repräsentatives Gegengewicht zum Bahnhof am heutigen Arnulf-Klett-Platz. Nach seiner Erbauung beherbergte er eines der größten Tanzcafés Deutschlands und ein Planetarium. Nach dem Krieg wurde er verändert wiederhergestellt. Der Platz davor war und ist einer der wichtigsten Verkehrsknoten in Stuttgart. Hier fahren Züge, S-Bahnen, Straßenbahnen, Busse und der Individualverkehr. Teilweise konnte hier vor dem Zweiten Weltkrieg in 18 Straßenbahnlinien eingestiegen werden. Am 9. April 1976 wurde die unterirdische Haltestelle eingeweiht und die Passage und der Platz nach dem 1974 verstorbenen Stuttgarter Oberbürgermeister Arnulf Klett benannt. Im Zuge von Stuttgart 21 soll auch dieser Platz neu gestaltet werden.

Dort wo sich heute das Rundfunkhochhaus des Südwestdeutschen Rundfunks erhebt, befand sich bis zur Zerstörung im Jahr 1944 die Stadthalle. Nachdem sich die finanzielle Lage der Stadt 1924 stabilisiert hatte, wurde im April 1925 beschlossen, einen großen Sport- und Versammlungsbau zu erstellen. Bis zu diesem Zeitpunkt mussten Versammlungen in den Saalbauten der Brauereien stattfinden, die jedoch mit dem Anwachsen der Bevölkerung zu klein wurden. Beim von Hugo Keuerleber geplanten Bau kam es zu Verzögerungen, da drei Arbeiter bei einem Unfall starben. 1926 konnte die Halle mit 5 000 qm der Öffentlichkeit übergeben werden. Sie bot zwischen 7 500 und 4 500 Personen Platz. Hier fand zum Beispiel 1931 das Hallensportfest statt, aber auch zahlreiche politische Veranstaltungen. Berühmt ist sie durch das „Stuttgarter Kabelattentat" geworden. Adolf Hitler sprach hier am 15. Februar 1933 im Vorfeld der „Reichstagswahlen". Die vom Rundfunk übertragene Rede wurde aber von 8 Mitgliedern der KPD durch die Zerstörung des Übertragungskabels in der Werderstraße um 21.17 Uhr unterbrochen. Hitler brach seine Hetzrede ab und sprach nun auch nicht mehr weiter zu den versammelten 7 000 Zuhörern in der Halle. Die Verantwortlichen von Rundfunk und Post wurden von Goebbels persönlich zur Verantwortung gezogen. Die breite Öffentlichkeit lehnte damals jedoch diesen Sabotageakt ab. 1935 wurden Eduard Weinzierl, Alfred Däubler, Wilhelm Breuninger, Hermann Medinger und Eduard Futterknecht verhaftet und zu Strafen zwischen 21 und 24 Monaten verurteilt. Für die zahlreichen Massenveranstaltungen der Nazis erwies sich die Halle als zu klein. Die Stadt musste aber, um im Reigen der Nazistädte eine Rolle zu spielen, eine „Großhalle" vorweisen, um nationalsozialistische Feierlichkeiten ausrichten zu können. So wurde auf dem Wasen eine 20 000 Menschen fassende „Schwabenhalle" in Holzkonstruktion erbaut. Sie wurde am 28. August 1937 mit der 5. Reichstagung der Auslandsorganisation der NSDAP eröffnet.

Oben: Der Nesenbach ist ein Waisenkind Stuttgarts. Entweder führte er zu viel Wasser, bevorzugt nach Unwettern, oder zu wenig, was dazu führte, dass die Wasserversorgung der Stadt gefährdet war. Auch die Abfälle, die in den Fluss geworfen wurden, konnten kaum vom wenigen Wasser weggespült werden, so dass der Nesenbach zum Geruchsproblem wurde. Versuche, dies regelmäßig durch aufgestautes Wasser zu beheben, misslangen jedoch. So wurde der Bach im Laufe der Zeit zuerst eingefasst und dann überdeckelt. Heute fließt er durch einen Kanal vom Vogelrain in Heslach durch das Kaufhaus Breuninger in den Neckar. Auf der Aufnahme ist der Übergang vom Nesenbachtunnel, der Ende des 19. Jahrhunderts angelegt wurde, in den Kanal am Beginn der Cannstatter Straße zu sehen. Doch obwohl heute auch dieses Stück nicht mehr offen ist, wissen echte Stuttgarter, dass Stuttgart am Nesenbach und nicht am Neckar liegt. Daß diese Lage ein Nachteil war, spiegelt auch folgender Reim wieder: „Schtuggart sott halt am Neckr liega / dees wär a feine Sach, / doch leider müaß m'r uns begnüga, / mit'm kleina Nesenbach!" Andere Bäche sind ebenso nur noch in Straßennamen oder Flurnamen erhalten, wie der Dobelbach, der Klingenbach, der Fangelsbach oder der Vogelsangbach.

Unten: Die Villa Berg wurde 1845 bis 1853 von Leins in italienischem Renaissancestil für Kronprinz Karl und seine Frau Olga als Landsitz erbaut. Damals war diese Anlage noch nicht von der Großstadt umschlossen. Zum eigentlichen Hauptbau gehörte auch die 16 Hektar große Parkanlage und zahlreiche Gartenbauten. Diese Anlagen wurden vom späteren Gründer des „Berger Bades" Friedrich Neuner angelegt und 1977 im Zuge der Bundesgartenschau mit den Schlossgartenanlagen verbunden. 1892 ging der Besitz an die Herzogin Wera, die Nichte von Königin Olga, über. Nach dem Tod der Herzogin kam die Anlage 1913 in den Besitz der Stadt Stuttgart. 1925 wurde sie neu ausgestaltet und diente als städtische Gemäldegalerie sowie für Empfänge der Stadt. 1944 brannte das Gebäude mit seiner prächtigen Innenausstattung aus. Nach dem Zweiten Weltkrieg tauschte die Stadt die Villa mit dem Süddeutschen Rundfunk, dem heutigen SWR, der die Villa vereinfacht wiederaufbaute und zusätzliche Studiobauten hinzufügte. Heute finden in den Räumen der Villa Berg zahlreiche Konzerte statt, besonders beliebt sind die Clubkonzerte des SWR 3 und die Veranstaltungen des Radiosymphonie Orchesters.

Stuttgart ist nicht nur eine Industriestadt sondern auch eine Badestadt, allerdings konnte sich dieser Aspekt in der Stadt kaum richtig durchsetzen. Täglich fließen aus 19 Quellen 22 Millionen Liter Mineralwasser. Nach Budapest ist Stuttgart somit der mineralwasserreichste Ort in Europa. Schon im 2. Jahrhundert haben die Römer die Quellen in Cannstatt benutzt. 1299 werden sie das erste Mal schriftlich erwähnt, und für 1377 lässt sich eine Badestube nachweisen. Aber erst im 19. Jahrhundert kam es zu einem Ausbau des Badewesens. Die vorhandenen Quellen wurden gefasst, Badehotels, Heilanstalten und das Wilhelmatheater wurden erbaut. Cannstatt wurde zu einem mondänen Kurort. Doch mit dem Aufkommen der Industrie ging diese Badekultur zu Ende. Erst 1933 wurde Cannstatt offiziell der Titel „Bad" verliehen. Auf den Aufnahmen ist die Erschließung der Inselquelle beim Mineralbad Leuze, das 1842 gegründet wurde, zu sehen. Es handelt sich dabei um einen artesischen Brunnen, das Wasser wird also durch den eigenen Druck an die Oberfläche gebracht. Vor den Neckarregulierungen befand sich an dieser Stelle eine Insel, daher die Bezeichnung. Die Neubohrung war notwendig geworden, da sich die alte Inselquelle nun im neuen Flussbett befand. Anfangs gab es zahlreiche Probleme, die alte Quelle ließ sich nicht abdichten und die neue Inselquelle hatte eine zu große Schüttung. Die alten Badegebäude, die immer wieder ausgebaut wurden, sind 1944 zerstört worden. Der letzte Leuze starb beim Versuch die brennenden Gebäude zu löschen. Neben dem Leuze kann man auch im Berger Bad dem so genannten „Neuner" oder im Mineralbad Cannstatt die gesunden Quellen genießen. Zudem laden zahlreiche „Sauerbrünnele" zum Genuss des Wassers ein. Jede Quelle hat einen anderen Geschmack, es lohnt sich also zu testen!

Die Wilhelma wurde für König Wilhelm I. 1842 bis 1864 im maurischen Stil am Rande des Rosensteinparks als zweiter Landsitz nach Schloss Rosenstein errichtet. Der Architekt Karl Ludwig Zanth schuf hier auf Wunsch des Königs im maurischen Stil Pavillons, Säulengänge, Gewächshäuser und Springbrunnen. Ein Märchen aus 1001 Nacht für den Hofstaat, nur nicht für die Bevölkerung, die draußen bleiben musste. Nach dem Ende der Monarchie 1918 wurde das Lustschloss als botanischer Garten genutzt. Der auf den Aufnahmen zu sehende prächtige Festsaal der Anlage wurde im Zweiten Weltkrieg zerstört. Er diente im Dritten Reich unter anderem zu Konzerten des Mozartfests und dem BDM für Feierlichkeiten. Der See im Vordergrund mit den Magnolien am Rand ist heute noch erhalten. Die Wilhelma war auch Treffpunkt der untergetauchten Führung der kommunistischen Jugendorganisation in Württemberg, die hier im August 1933 festgenommen wurde. Seit 1950 wurde die Wilhelma zum Zoologischen Garten ausgebaut. In den letzten Jahren wurde die Wilhelma auf Kosten des Rosensteinparks vergrößert, was ihr nicht nur Freunde einbrachte. Gerade aber durch die neuen Flächen konnte die alte Anlage von Zanth entlastet und restauriert werden.

Cannstatt liegt an einem schon prähistorisch benutzten Neckarübergang, der in römischer Zeit durch ein Kastell auf der linken Neckarseite geschützt wurde. Im Mittelalter verlief hier eine wichtigen Fernstraße von den Niederlanden nach Italien. Verschiedene Siedlungen wurden zu einer Stadt ausgebaut. In der Neuzeit wurde Cannstatt noch vor Stuttgart mit der Eisenbahn erschlossen, da seine Lage verkehrsgünstiger war. 1905 wurde es gegen die Übernahme der Schulden Cannstatts mit Stuttgart vereinigt, das so aus dem zu engen Talkessel herauswuchs. 1933 wird dem Stadtteil die Bezeichnung Bad verliehen. Auf der Aufnahme ist die Wilhelmsbrücke in Bad Cannstatt zu sehen. Die Altstadt liegt auf der anderen Uferseite. Der gotische Bau der Stadtkirche, 1506 von Aberlin Jörg geschaffen, ist links zu sehen. Besonders auffällig der 1613 in Renaissanceformen gestaltete Turm von Heinrich Schickhardt. Die Kirche wurde in den letzten Jahren restauriert. Der markante Dachreiter in der Bildmitte gehört zum Rathaus dieses Stadtteils, der auch heute noch seinen eigenständigen Charakter bewahrt hat. Das Rathaus ist im Kern ein spätgotischer Fachwerkbau, die heutige Gestalt geht auf einen Umbau im Jahr 1875 zurück. Rechts hinter der Straßenbahn ist der vorkragende Turm des

"Klösterles" zu erkennen. Das auf 1463 datierte Gebäude gilt als das älteste erhaltene Wohnhaus Stuttgarts. Vor der Reformation wurde das Haus von einer klosterähnlichen Gemeinschaft von ledigen Frauen, den Beginen, benutzt. Im ersten Obergeschoss hat sich noch eine Hauskapelle erhalten. Ab 1982 wurde das Gebäude renoviert, nachdem es zuvor vom Abbruch bedroht war.

Oben: 1929 wurde vom Gemeinderat der Bau einer großen Sportanlage für das 15. Deutsche Turnfest beschlossen. Die Gesamtplanung für das Gelände lag bei Paul Bonatz und Friedrich Scholer. Das Stadion wurde nach Plänen von Oskar Schmidt erbaut. Das vom 22. bis 30. Juli 1933 dauernde Turnfest wurde von den Nationalsozialisten für ihre Propaganda eingespannt. So wurde das Stadion am zweiten Tag Adolf-Hitler-Kampfbahn benannt. Der Bau wurde in den 50er Jahren erweitert und zur Fußballweltmeisterschaft 1974 modernisiert. In den 90er Jahren wurde das Stadion weiter erneuert und mit einer modernen Überdachung versehen. Im Vordergrund der Aufnahme ist der 40 Meter hohe Flaggenturm zu sehen, der in der Nacht effektvoll ausgeleuchtet wurde. Mit dem Deutschen Turnfest war die freiwillige Gleichschaltung des Sports deutlich dokumentiert. Jüdische Sportler und der Arbeitersport wurden ausgeschlossen, der Wehrsport dagegen betont. Am letzten Tag waren Hitler, Papen, Neurath, Goebbels und der Reichssportführer von Tschammer und Osten anwesend. Dieser bezeichnete die 200 000 teilnehmenden Sportler in seiner Rede als „Menschenmaterial", wozu wurde sechs Jahre später allen klar. Vor allem der kommunistische Widerstand nützte die Veranstaltung, um über die Verbrechen des Regimes aufzuklären. Die Polizei meldete die Verhaftung von 200 Personen wegen der Verbreitung von anti-nationalsozialistischen Flugblättern.

Ab 1882 entwickelte Gottlieb Daimler in Cannstatt einen schnell laufenden Verbrennungsmotor. 1884 fuhr das erste Auto über die Straßen der Stadt. In seiner Werkstätte kann man heute die Gottlieb-Daimler-Gedächtnisstätte besuchen. Im Vordergrund der Aufnahme ist das Werksgelände der Daimler Benz AG in Untertürkheim zu sehen. Ab 1901 verlegte die Daimler-Motoren-Gesellschaft ihre Produktion von Cannstatt nach Untertürkheim. 1904 nahm das neue Werk seine Produktion auf, die bisherige Handarbeit wurde nun durch eine automatisierte Produktion ersetzt. Nicht nur Autos sondern auch Flugzeugmotoren wurden hergestellt.

Im Zuge des Ersten Weltkriegs wurden die Produktionsanlagen vergrößert. Hier war eines der Zentren der Novemberrevolution 1918 in Stuttgart. 1926 fusionierte das Unternehmen mit der Firma Benz aus Mannheim zur Daimler Benz AG. Im Dritten Reich wurde die Produktion für die Kriegsführung mit Zwangsarbeitern noch weiter ausgebaut. Ab 1940 war das Werksgelände Ziel der Angriffe der alliierten Bomber auf Stuttgart. Am 5. September 1944 wurde Daimler in Untertürkheim weitgehend zerstört. 1945 musste das Werk schließlich geschlossen werden. Die Produktion war aber schon früher in kleinere Orte der Umgebung verlegt worden. Daimler-Benz erholte sich nach dem Krieg sehr schnell, auch wenn die Firma durch die Entnazifizierung der Führungsspitze geschwächt war. Nach dem Krieg wurde das Gelände in den 50er und 60er Jahren weiter ausgebaut. Die Hauptverwaltung wurde Ende der 80er Jahre auf die Fildern verlegt.

Oben: Bevor die Fahrzeuge damals fertiggestellt wurden, mussten sie getestet und eingefahren werden. So fehlen auf dieser Aufnahme die Kotflügel und der hintere Aufbau. Bei dieser Prüf- und Fahrabteilung wurde Christian Lautenschlager als Meister angestellt und durfte aber bald auch schon bei Rennen für die Firma mitfahren. Im Jahr 1908 gewann er in Dieppe am 7. Juli den Großen Preis von Frankreich vor zwei Wagen von Benz. Seine Durchschnittsgeschwindigkeit lag bei 111,12 km/h auf dem 770 Kilometer langen Rundkurs. Am 4. Juli 1914 fand der letzte Grand-Prix von Frankreich vor dem Krieg auf einer Strecke bei Lyon statt. 37 Wagen waren am Start, 4,5 Liter Hubraum und 1100 kg als Gewicht vorgeschrieben. Von diesen 37 Rennwagen kamen nur 11 ins Ziel. Christian Lautenschlager belegte wieder den ersten Platz, der Franzose Wagner auf einem Mercedes den zweiten und Otto Salzer ebenfalls auf einem Rennwagen aus Untertürkheim den dritten Platz. Dies war einer der größten Erfolge in der Renngeschichte der Firma und Deutschlands. Diese Tradition wurde von weiteren Rennfahrern fortgeführt, darunter Hermann Lang, Manfred von Brauchitsch, Rudolf Caracciola, Juan Manuel Fangio. Heute fahren die „Silberpfeile" wieder erfolgreich in der Formel 1 mit Mika Häkkinen und David Coulthard. Die Geschichte des Unternehmens und dieser Rennerfolge kann man sich im Mercedes-Benz-Museum auf dem Werksgelände in Untertürkheim anschauen.

Der Rundgang durch die Stadt ist nun beendet. Der Blick vom Sünder aus Richtung Westen zeigt die Innenstadt in der Dämmerung. In der Bildmitte ist die Beleuchtung des Tagblatt-Turms zu sehen. Etwas rechts davon sind die Lichtbänder vom Neuen Bau des Breuninger-Kaufhauses zu erkenne. Heute bestimmen andere Lichter das Bild unserer Stadt, dieses Stuttgart wurde im Zweiten Weltkrieg zerstört. Vieles das erhaltenswert war hat der Wiederaufbau der 50er und 60er Jahre vollends zerstört. Die prächtig geschmückten Fassaden der historischen Gebäude wurden nachträglich vereinfacht. Dieser Rundgang soll an das verlorene Stuttgart erinnern, aber auch deutlich machen, dass sich die Stadt auch schon früher verändert hat. Veränderungen sind notwendig, da keiner in einem Museum leben möchte. Dennoch soll uns das Verlorene daran erinnern, mit dem, was heute an Gebäuden besteht, vorsichtiger umzugehen. Nach dem Krieg waren historistische Bauten nichts wert und wurden vernichtet, heute erkennt man ihren Denkmalcharakter an.

In der Nacht hat man einen wunderbaren Blick auf Stuttgarts Lichtermeer, dann kann man die Stadt begreifen. Gelbe Lichterketten der Hauptstraßen, im Zentrum leuchten die Kaufhauskuppeln, an den Hängen glimmen die Wohnzimmer, doch es sind andere neue Lichter, jeden Tag. Diese Lichter lohnen erkundet zu werden. Ein Blick über die Schaufensterebene der Häuser birgt ein neues Stuttgart, für jeden, der seine Stadt entdecken möchte.

Weitere Bücher aus dem Wartberg Verlag

Eugen Sauter
Vom Morgen zum Abend im Dorf
Schwäbische Fotografien
aus den 50er Jahren
64 S., geb., zahlr. Farbfotos
ISBN 3-86134-505-6

Eugen Sauter
**Kindheit auf dem Lande
in den 50er Jahren**
Einzigartige Fotografien aus
dem Schwäbischen
64 S., geb., Großformat, Farbfotos
ISBN 3-86134-283-9

**Postkartenbuch Kindheit
auf dem Lande in den 50er Jahren**
30 historische Postkarten
ISBN 3-86134-300-2

Martin Walter
**Aus alter Arbeitszeit
im Badischen**
Historische Fotografien
von 1910 bis 1960
64 S., geb., Großformat, s/w Fotos
ISBN 3-86134-286-3

Achim Schiff, Detlef Neumann
**Bei uns auf dem Lande
Württemberg in den 50er Jahren**
64 S., geb., Großformat, s/w Fotos
ISBN 3-86134-554-4

Harald Schukraft
**Stuttgart
Ein verlorenes Stadtbild**
Historische Fotografien
72 S., geb., zahlr. s/w Fotos
ISBN 3-86134-281-2

Eugen Sauter
**Sonntags auf dem Lande –
Feste, Freizeit, Feiertage**
Schwäbische Fotografien
aus den 50er Jahren
64 S., geb., Großformat, Farbfotos
ISBN 3-86134-400-9

Eugen Sauter
Landleben in den 50er Jahren
Der dritte Band von Eugen Sauter –
Vom Arbeiten auf dem Lande
64 S., geb., Großformat, Farbfotos
ISBN 3-86134-316-9

Klaus Meier-Ude, Fred Kickhefel
**Kindheit in der Stadt
in den 50er Jahren**
Murmelspiel, Gummitwist, Lederhosen und Zöpfe, wer erinnert sich nicht an diese Relikte seiner Kindheit?
64 S., geb., zahlr. s/w Fotos
ISBN 3-86134-315-0

Hannes Kilian
**Kindheit in Stuttgart
in den 50er Jahren**
Heute lächeln die einstigen Kinder der 50er Jahre, wenn sie von damals erzählen – geboren wurden sie in eine zerstörte Welt. Wer die 50er Jahre in Stuttgart miterlebt hat, wird sich auf manchem Bild wiedererkennen.
64 S., geb., Großformat, s/w Fotos
ISBN 3-86134-401-7

Andreas Förschler
**Stuttgart lebt
Eine Stadt vor dem Wiederaufbau**
72 S., geb., zahlr. s/w Fotos
ISBN 3-86134-644-3

Eugen Sauter
**Schwäbisches Dorfleben
in den 50er Jahren**
Der zweite Band von Eugen Sauter, mit beeindruckenden Farbfotos
64 S., geb., Großformat
ISBN 3-86134-277-4

**Postkartenbuch Schwäbisches
Dorfleben in den 50er Jahren**
30 historische Postkarten
ISBN 3-86134-365-7

Eugen Sauter
Schulzeit auf dem Lande
Fotografien aus den 50er Jahren
64 S., geb., mit zahlr. Farb- und
s/w Fotos
ISBN 3-86134-486-6

Reinhard Appel
**Pack' die Badehose ein
Urlaub in den 50er Jahren**
Die beeindruckenden Bilder geben die Stimmungslage der 50er Jahre präzise wieder: die Gesichter der Menschen, ihre Kleidung, ihr Bedürfnis, endlich wieder einmal auszuspannen, etwas Neues zu sehen und zu erleben. Ob mit dem Auto oder dem Motorrad – Reisen öffnete neue Horizonte.
72 S., geb., zahlr. s/w Fotos
ISBN 3-86134-381-9

Andreas Förschler
Manfred Czerwinski
**Stuttgart – Luftbilder
von gestern und heute**
48 S., zahlr. Farb- und s/w Fotos
ISBN 3-86134-474-2

Wartberg Verlag GmbH
Im Wiesental 1 · 34281 Gudensberg-Gleichen; Tel.: (05603) 93050 · Fax: (05603) 3083